ロイ・フラー

元祖モダン・ダンサーの波乱の生涯

山本順二 著

風媒社

まえがき

ロイ・フラーは十九世紀末から二十世紀にかけてヨーロッパを中心に活躍した女性ダンサーで、近年隆盛を誇るモダン・ダンスのパイオニアとされる。パリを拠点にしたがフランス人ではない。シカゴ近郊の農村で生まれ育ったアメリカ人で、正規の学校教育もダンスの訓練もほとんど受けたことはないが、少女時代から持ち前の行動力を発揮し、女優や歌手として下積みの苦労を重ねた末に独力で新しいダンスを編み出した。自分を評価しないアメリカの芸能界にあきたらずヨーロッパに渡ると、十九世紀末からのベル・エポック（美しき時代）のパリで、その独創的なダンスは熱烈な支持を得た。その後の活躍はめざましく、「子供でも知らぬものはない」と言われるほどの有名なスターになった。

彼女のダンスは、ゆったりとした衣装をうねるように操り、最新の電気技術による色彩照明をあてて闇の中に幻想的な映像を浮かび上がらせる独特なものだった。鮮やかな舞台照明に驚いた当時の観客から「光の魔術師」「光の女神」と称せられることもあった。また、その衣装が波打ち渦巻いて光の曲線を描くことから、当時流行した植物のつるのような曲線表現が特徴の芸術様式「アール・ヌーボー（新しい芸術）」の「化身」ともされた。ロートレック、マラルメなど多くの画家、彫刻家、詩人の創作意欲をかきたてただけでなく、彼女をブランド化して販売促進をもくろむ商人も現れ、「ロイ・フラー」の名をつけた装飾品や香水などが発売された。

自分の生い立ちについて、「アメリカで生まれフランスで育った」と語るのを好んだといい、フランスに対する愛着は強く、人生の最期もパリで遂げることになる。一方でアメリカの特に中西部の出身であることを終生誇りにし、アメリカ人気質の自由、勇気、素朴などに高い価値を見出していた。実生活では物おじしない行動力を見せて、名もない市井の人々と打ち解けてつきあう一方で当時のヨーロッパで幅をきかせていた「王侯貴族」とも、敬意は欠かさないにしても臆することなく交際した。中でもルーマニアのマリー王妃とは長年にわたって親密な友人関係にあった。

多くの芸術家や知識人とも知り合い、その中には彫刻家のオーギュスト・ロダン、小説家で『椿姫』の作者のアレクサンドル・デュマなど当代一流の人物も含まれていた。舞台効果を高めるために最先端技術を取り入れようとして科学研究にも強い関心を寄せ、大発明家のエジソンやすでに著名な学者だったキュリー夫妻とも親交があった。

日本人にとって興味深いことは、ジャポニスムの流行を背景に優美な姿で西欧の観客を魅了した女優の貞奴、彫刻家ロダンのモデルにもなった女優花子という二人の日本人女性を本格的にヨーロッパの舞台に押し上げたのが、このロイ・フラーだったことだ。

彼女は、まだ航空機が利用されていない時代に大西洋を何度も船で往復した。ヨーロッパ、北アメリカ両大陸の隅々まで旅して回り、エジプトや南米にも足をのばしている。その影響はダンスだけでなく、舞台芸術、さらには美術の枠を越えて芸術全般に及び、一時期は世界で最も有名で人気のあるダンサーだった。

最近でも、モダン・ダンスの先駆者として一部では高い評価を受けている。しかし、一般的な知名度はロイ・フラーに少し遅れてダンス界に現れた、やはりアメリカ人女性のイサドラ・ダンカンらに比べてかなり低いようだ。あまりに多才で、振付師、演出家、照明技術者、舞台美術家としても卓越していて、このことがかえってダンサーとしての印象を弱めたという指摘もある。

そのため、「忘れられたダンサー」として扱われることもあるが、その実、彼女を再評価する動きは絶えることがない。最近では、二〇一六年度のカンヌ映画祭にイサドラ・ダンカンとの関係を軸にロイ・フラーの姿を描いたフランス映画『ザ・ダンサー』が出品され存在感を示した。

彼女自身が一九〇八年、四十六歳の秋に『私の人生の十五年』という本をフランス語で出版している。「十五年」というのは、おおむね彼女が新しいダンスを「発明」した一八九二、三年ごろから本の出版までの時期を指している。内容を見ると、その「十五年」より以前の幼い日の記憶から始まり、時間経過にはとらわれずに奔放に書きつづられていて「半生記」というより「回想記」と言うべきものだ。題材は多岐にわたっていて、ロイ・フラーの快活で活発な行動力、もし男であれば「快男児」とか「好漢」とか言いたくなる自立した魂を感じさせる。

『私の人生の十五年』は、ロイ・フラーを知るための好読物で、これだけでも翻訳・出版する価値はありそうだが、当時の欧米社会では常識でも現在の日本の読者には見慣れぬ人名や事柄に何の説明もなく触れているから、内容を正確に理解するには多くの注釈を必要とする。それに、時間の流れがあまり考慮されていず、その記述は当然、出版年の一九〇八年までに限られているから、この「回想記」だけでは波乱万丈の一生を知ることはできない。

そこで、彼女に関する各種の文献や資料を参考にして、日本では専門家以外にはほとんど知られていないこの異色のダンサーの生涯をできるだけ時間の流れに沿って描くことを思い立った。アメリカの大平原で生まれた女性が、徒手空拳で舞台芸術の階段を一歩ずつはいあがり、パリに渡って世界に羽ばたく姿を順に追っていくことになるが、その過程では『私の人生の十五年』の中の印象的な部分をそのまま引用したいと考えている。その肉声に耳を傾けることが、彼女を理解するうえで実り多いと考えるからだ。

ロイ・フラーはベル・エポックから第一次世界大戦へと続く激動の時代を、前だけを向いて全力で駆け抜けたように見える。この稀有な女性の「途方もない」人生を理屈抜きでたどり、新しいダンスにかけた芸術家魂と、誰とでもオープンに接した自由闊達な精神に触れてみることは、それだけでも愉快で意味のあることだと思う。

ロイ・フラー　元祖モダン・ダンサーの波乱の生涯◉目次

図1　ロイ・フラー

1　開幕　西部の娘

ロイ・フラーは一八六二年一月十五日、アメリカのシカゴ西方約二十五キロのイリノイ州フラーズバーグという農村で生まれた。本名はマリー・ルイーズ・フラーという。南北戦争のさなかで、日本でいえば江戸時代の最末期にあたる。フラーズバーグは単独で正式の町や村だったことはなく、いわば入植地の通称で、現在はヒンスデールとオーク・ブルックという二つの自治体にまたがっていて、森や墓地にその名前が残っているようだ。アメリカは移民の国だから先祖代々ここに住んでいたはずもなく、ロイの祖父が一八三五年に妻子を引き連れてニューヨーク州から移り住んだという。近隣の住民は濃淡の差はあってもほとんど血がつながっていたというから、親族そろって集団入植し、フラーズバーグという地名もフラー一族に因んでいるのだろう。

一八五一年、ロイの父親のルーベンと母のデリラが結婚し翌年には男の子が生まれた。ルーベンは農民で家具職人も兼ねていたらしい。よく言えば進取の気性に富んだ性格で、つまり山気の多いほうで、妻と生まれて間もない息子を残して突然、ゴールドラッシュにわくカリフォルニアに行き、若い妻を大いに悲しませた。一八五八年、家に戻ったルーベンが金塊を手にしていたかどうかわからないが、ある程度の金は持ち帰ったらしく広い農地を買った。しかし、相変わらず農業にはあまり身が入らなかったようだ。

一八六二年一月、やがてこの平原地帯を飛び出して世界で活躍することになる女の子の誕生を迎える。ロイ・フラーの著書『私の人生の十五年』（以下「回想記」と表記）の描写を見てみよう。

＊

この年の一月、冬の寒さは特に厳しく、気温が零下四十度を記録することもありました。この頃、両親と兄はシカゴから十六マイル離れた農園に住んでいました。私の誕生が近づくにつれて寒さは一層つのり、私の家では十分に暖房できません。母の身体を心配した父は、近くのフラーズバーグの街中に出かけました。この地域の住民はほとんどが私たちにとってイトコかマタイトコ、つまり親類にあたります。父はここでただ一軒の居酒屋の主人とある約束をしてきました。この店の広間には大きな鋳鉄製のストーブがあり、この界隈では唯一、暖房装置の名に値するものでした。約束に従って広間は寝室に改装され、そこが私が初めてこの世の光を見る場所となりました。私が生まれた日には厚い氷が窓ガラスを覆い、例のストーブから二メートル離れた所に置いてあった水差しの水が凍るほどの寒さでした。

自分で見て来たように言いましたが、これは間違いのないことです。私は生まれ出た瞬間に風邪をひき、終生、本当には治らなかったのですから。もっとも父方に頑健な祖先を持っていたおかげで、私がかなりの抵抗力を持って生まれたことも確かです。人生の初めに受けた寒気による悪影響をずっと取り除けなかったにしても、少なくともそれに耐えることはできました。

(『私の人生の十五年』第一章から)

＊

ロイ・フラーは自分の出身について、「西部から来た」「西部の娘」と好んで称した。シカゴを中心とするアメリカ中央部北側の諸州は一般に「中西部」と表現するようで、「西部」と呼ぶのは言い過ぎのような気もする。しかし、西部の定義は時代とともに変わってきて、ごく初期には東海岸に近いアパラチア山脈を越えれば「西部」とみなされていたというから、ロイ・フラーの大げさな物言いというより、やはり彼女が育ったころのシカゴ

図2　父親のルーベンと幼い日のロイ・フラー

近郊にはまだ西部開拓時代の雰囲気が色濃く残っていたと言うべきだろう。

　話を戻すと、父親のルーベンは遊興を好みバイオリンを弾きダンスも上手だった。「回想記」には、まだ生後六週間だったロイがルーベンの友人たちのサプライズ・パーティーに引っ張り出され、早くも「世間にお目見えした」という逸話も残されている。

　そんなルーベンは農業に見切りをつけ、急成長を始めていたシカゴ中心部に引っ越して下宿屋を始めた。二歳半になっていたロイは幼いながらも活発で積極的な性格を示すようになり、家族で通っていたシカゴ進歩主義会館の日曜学校で、大勢の人の前で自分から進んで祈りの言葉と詩を暗唱することもあった。ロイはこのエピソードがよほど気に入っていたらしく、「回想記」の中で事細かに取り上げている。やがて生涯を捧げることになる舞台人生の「開幕」を告げる記念すべき出来事だったからだろう。

ロイが暗唱をしたのは日曜学校の休憩時間で、まだ身長が足りないので、はうようにして講堂の教壇に上がると、うやうやしくお辞儀をし、ひざまずいて短いお祈りの言葉を暗唱したという。しかしその後で困ったことになった。幼いロイは歩いて階段を降りられず、仕方がないので一番上のステップに座り込み、階段を尻ですべるようにして床にたどり着いた。ロイがすべり降りている間、黄色のフランネルのスカートと赤い小さな靴が宙でもがくのを見て講堂中の人たちは身をよじって笑った。ロイは床にしっかり立ち、笑い声を聞くと右手を上げて甲高い声で「シーッ。静かにしてください。今から詩を暗唱します」と言い、身じろぎもせずに座が静まるのを待って詩を暗唱し、その後、世の中で一番自然なことをし終えた人のように平然と自分の席に戻ったという。

ロイはこのエピソードを語る中で、幼い時からすばらしい記憶力に恵まれていたと自慢している。ずっと後には、セリフを一言も知らない役を初演の前日に引き受けたこともあり、『椿姫』の主役を演じた時には、準備するのにたった四時間しかなかったのにうまくやり遂げたと言っている。また、五歳になると近所の公立学校に通ったが、記憶力がよく「自分は五分で理解できるのに、他の生徒がわかるまで何時間も待つなんて我慢できない」と憤慨したという。当時はまだ、イリノイ州では教育は義務化されておらず、結局、ロイは正規の学校教育はほとんど受けなかった。

さらに二年が過ぎ、ロイが七歳の時に弟が生まれた。一八七〇年の連邦センサスによると、フラー一家は両親と兄、ロイ、弟の五人家族になっていて、別に使用人二人と大工、機械修理工、帳簿係などの下宿人六人の計十三人が一つ屋根の下に住んでいたという。職業も性格も異なったこれらの人たちとの人間関係がロイの人間形成、社会教育にも役立ったのだろう。

ロイが九歳になった一八七一年は夏から秋にかけて暑さと異常乾燥が続き、十月八日夜、シカゴ大火が発生した。市街地の約八百ヘクタールを焼き尽くし二百五十人以上が死亡、十万人が住居を失ったアメリカ災害史に残る大惨事だった。ミシガン湖岸にあったフラー家は南東からの風向きの影響で幸い類焼をまぬがれた。それでも、夜空を赤く染めた猛火や避難する住民の騒ぎは当然、幼いロイにも強い印象を残したはずだが、回想記にはこの大火のことは書かれていない。しばしば年齢のサバを読み実際より若く見せていたロイが故意に触れなかったのだとするうがった見方もある。

一八七二年のシカゴ市の記録には、ルーベンは馬商として登録されているという。実際、馬の売買によって下宿屋の収入を補っていたらしいが、もともと競馬が大好きで、結局、自分で競走馬の育成を始めることを決意してシカゴから南西約二百五十キロにあるマンマスという小さな町の牧場に移り住んだ。ロイにとっては初めての汽車の旅だった。一説には、フラー一家はマンマス中心街で父親のルーベンが経営するホテルに住んだともいうが、牧場説のほうがつじつまがあうようだ。

いずれにしても、十二歳になっていたロイは「田舎町に来た大都会（シカゴ）の娘」として自信をもって振る舞い、持ち前の度胸と才能ですぐに地域社会に溶け込んだ。失業者を救済するボランティア活動やアメリカで当時盛んだった禁酒運動のキャンペーンなどにも積極的に参加した。一八七五年五月のマンマス・ウィークリー・レビューという雑誌には、十三歳のロイが近郊の村で禁酒運動の演説をしたという記事が載っているという。

ロイはダンスも上手だった。持って生まれた感性と優れたリズム感に加えて、田舎には珍しいダンスの名手だった父親のルーベンがしっかりと手ほどきをしたらしい。娘にダンスを教えた経験を生かしたいと思ったのか、ルーベンは一八七六年一月、マンマス・ダンシング・アカデミーという教室を開いた。当初の生徒は二十人で、毎週火曜日と金曜日にレッスンがあった。ルーベンはバイオリンも得意だったといい、芸能、芸術にかかわる才能や活動的な気質は明らかにこの父親から一人娘に引き継がれた。

フラー一家はマンマスには二年間暮らしただけだった。次にシカゴの南にある別の小さな町に引っ越したが、ここにも落ち着かず、さらに一年後にはシカゴに舞い戻った。一家の大黒柱のルーベンは完全に職を失っていて妻のデリラが小間物屋を開いて家計を支え、ロイの兄のフランクが店員として母親を手伝い、弟のバートは学校に通っていたようだ。

青春期を迎え、いよいよ自分の運命を切り開く時期を迎えたロイが目指したのは俳優への道で、シカゴの色々な劇団の求めに応じてどんな小さな役でも引き受けた。幸い時代はアメリカの発展期で、本格的な演劇からバラエティショーまで、あらゆる商業エンターテインメントの需要も急速に拡大していた。ロイに与えられたのは、多くは大衆演劇の中の初心な小娘や生意気な女中、時には少年の役だった。十五歳になるとシカゴに本拠を置く軽演劇団に加わって九カ月間の巡業に出たこともあった。これがプロとしての芸能生活のスタートで、それから数年間、夢中になって修業を重ねた。

この下積み時代に、まだ女優の卵にすぎなかったロイの魂を揺さぶるような出来事が持ち上がった。十九世紀最高の女優とたたえられたフランスのサラ・ベルナールがアメリカ公演に来たのだ。

彼女はオランダ系ユダヤ人女性の私生児としてパリで生まれた。間もなく里子に出され、さらに寄宿学校、修道院で育てられるという寂しい生い立ちだったが豊かな感性と才能に恵まれ、国立劇団のコメディ・フランセーズに入団するとしだいに頭角を現し、ついには、十九世紀末からのベル・エポックを象徴する存在になった。生涯に何度も大西洋を横断したが、一八八〇年から翌八一年にかけての最初の訪米は、特にアメリカ側で演劇関係者だけではなく社会的に大きな話題になり、大女優の動静は絶えず注目された。

女優として世に出たいという野心に燃えていたロイは、この話を聞いた時から熱に浮かされたようになり、サラ・ベルナールのことを伝える新聞記事を読みあさった。そこには、チケットは完売し観覧を希望している人の百分の一も望みをかなえられないだろうとある。この当時、小さな劇団に所属して中西部の諸州を回っていたロイには、この大女優を自分の目で見る機会は訪れそうもなかった。しかし一八八一年春、サラ・ベルナールがニューヨークの舞台関係者だけのために特別のマチネー（昼間公演）を開くと知ると、居ても立ってもいられなくなった。「どうしても彼女を見に行くわ」と言うと母親のデリラを引き連れてニューヨークへ出てきた。

サラ・ベルナールが出演する劇場へ来てみると、ロイと同じように観覧を希望する人たちでいっぱいだが劇場の責任者は誰もいない。待ちくたびれたころになって、数人の男たちが風のように通り過ぎて「立ち入り禁止」と書かれたドアに吸い込まれていった。居合わせた人たちはほとんど男性だったが、互いに顔色をうかがうだけだった。ロイはこれ以上待つのには耐えられないと思い、意を決してドアをノックした。すると中から陰気な声が「どうぞ」と答え、ロイは部屋の中に入った。

機械仕掛けのように前に進むと、私は一団の男性たちの真ん中にいました。この中の誰に声をかけたらいいのかわかりません。困って部屋の真ん中に立ちすくんでいる私を全員がじろじろ見つめます。私は勇気をかき集めてセリフを棒読みするように一気に言いました。

＊

「みなさん、この劇場の支配人にお目にかかりたいのですが」

これだけ言い終えると、歯がカチカチと鳴り舌を噛んでしまいました。一人の男性、他の人たちより偉そうに見える人が私に近づいて尋ねました。

「支配人に何をお望みですかね。お嬢さん」

何ということでしょう。こんな大勢の前でもう一度話さなければならないのです。でも、自分でも驚いたことに、他人のものとしか思えないしっかりした口調で私自身が話すのが確かに聞こえました。

「つまりこういうことです。私は女優です。サラ・ベルナールの特別公演を母と一緒に観たいと願っているのです」

「あなたは誰ですか。どこに出演しているのですか」

私の口調はもう自信を失っていましたが、こう答えました。

「あなたは私の名前をご存じないでしょう…ここでは知られていませんから。ロイ・フラーと申します。西部から出て来て…出演できる所を探しに来て…今のところどこにも出演していません。でも、それは問題ないでしょう…こうしてお願いすれば多分、彼女を観させていただけると思っています」

「お母さんはどこにいるのですか？」

「外です」。私はドアを指さしました。

「あの青白い優しそうな顔つきの人ですか？」

「そうです。怖がっているから青ざめているのです」

「で、君は怖くないの？」

しっかりした口調を取り戻しました。

「いいえ。怖くありません」

（『私の人生の十五年』第八章から）

＊

支配人はポケットから名刺を出し、何かを書きつけてロイに渡した。それは、特別公演の入場許可だった。マチネーの当日、ロイと母親の席はオーケストラ・ボックスの長椅子だった。「聖なるサラ」と讃えられた大女優を見て大いに感激し、やがて劇場を後にしたロイの耳には、ビクトル・ユゴーが「黄金」と形容した美しい声が、自分には意味のわからない「ジュテーム、ジュテーム」という言葉を水晶の鈴を鳴らすように繰り返すのが聞こえた。

この一八八一年、十九歳のロイに大きなチャンスがめぐってきた。それは、たまたまシカゴに巡業に来た有名なバッファロー・ビルの一座に女優として雇われたことだ。バッファロー・ビルは西部開拓時代のガンマンで、幼いころから馬や銃の扱い方にたけていて、郵便馬車の御者や陸軍の斥候として活躍した。南北戦争も終わり世の中が落ち着いてくると、拳銃の早撃ちや駅馬車の襲撃などを、本物の〝インディアン〟も交えて実演する「ワイルド・ウエスト・ショー」を立ち上げ、全米はもとよりヨーロッパにも巡業して人気を博した。

そのバッファロー・ビル一座が一週間の予定でシカゴに巡業に来たが、内輪のいさかいで女優の一人が辞めてしまい、その代わりにロイが現地採用された。その役にはバンジョーをかき鳴らすシーンがあったがロイはうまくこなし、セリフも造作なく記憶できて一人前の女優として認められた。その後は一座の一員として各地の巡業に参加していたが、一八八二年一月、ニューヨークの隣のブルックリン（当時は独立した市だった）の劇場に出演していた時、ロイは軽い天然痘にかかり一座を辞めざるをえなくなった。

やむを得ずシカゴに戻ったロイは二年間ほどボイストレーニングを受けたらしい。シカゴ・サマー・ミュージック・フェスティバルという催しに歌手として参加してけっこう上手に歌えたことから、オペラ歌手になることを夢見たりもした。実は、母親のデリラの若いころの夢はオペラ歌手だったといい、その影響を受けたのかもしれない。

この時期のロイは女優としても歌手としてもなかなか舞台に立つことができず生活は苦しかった。あちこちの劇場や興行主のもとを回り「三度の食事さえとれるなら何でもします」と懇願したことさえあった。それでもロイは演劇界の階段を一歩一歩上っていき、一八八六年夏、つまり二十四歳の時にはニューヨークのブロードウェーの劇場で、『いかさま師』というオペレッタ風の喜劇に出演し、アメリカのショー・ビジネスの本場で女優としてのデビューを果たした。

ロイにとって幸運だったのは、この舞台が当時ちょっと名の知られたナット・グッドウィンという喜劇俳優の目にとまったことだ。グッドウィンは一八八六年の九月から、やはりブロードウェーの劇場で幕開けした『リトル・ジャック・シェパード』という喜劇の主役にロイを抜擢した。これは、セリフよりも陽気な歌の多いドタバタ劇で、ロイが演じたのはジャックという少年の役だった。さすがにブロードウェーのことだから、新聞の批評にもすぐに取り上げられ、ある新聞はロイの演技をけなしたが、別の新聞は「うまく少年になりきっていた。これは女優にはなかなかできないことだ」と称賛した。

ロイはその後もいくつかの近隣の劇場に出演した。アメリカ演劇界の中心のブロードウェーでは、観客の目を引くために舞台装置や照明に趣向をこらしていたから、そのステージに実際に立ったことは、後に「光の魔術師」とたたえられ、舞台美術家としても成功をおさめるロイ・フラーにとって貴重な経験になった。

ニューヨークのほかにボストンでも舞台に立ち、ナット・グッドウィン以外にも当時の有名な俳優、女優と共演したロイは一八八八年、つまり二十六歳のころまでにはアメリカ演劇界で、女優としてある程度の地位を確保することができたようだ。しかし、世界的に有名になるダンサーとしてのキャリアはまだ始まっていない。

2　かりそめの結婚　光のダンス

女優としての自信を確かなものにした二十六歳のロイ・フラーは、劇団を渡り歩いて意に染まない仕事をするのに嫌気がさしたのか、自分で劇団を作って思うままに舞台づくりをしたいと考えたらしい。それは、誰もが憧れたにしても現実に実行するのは難しいことなのだが、ロイはその理想に向かって具体的な行動を始めた。この若さでのその勇気と行動力は、百年以上前のアメリカでもやはり群を抜いていたと言うべきだろう。

彼女が計画したのは、当時ちょっと名前の知られたウイリアム・モリスという俳優と組んでカリブ海のジャマイカ方面へ巡業に出ることで、そのためには多額の金が必要だった。ロイはその資金提供を、知人の紹介で知り合ったコロネル・ウイリアム・ヘイズという人物に依頼した。ヘイズはニューヨークのブロードウェーに事務所を構える実業家で、金融事業や鉄道会社に関係していた。小太りの五十がらみの男で、指や胸にはダイヤモンドが輝き、羽振りはよさそうに見えた。合衆国第十九代大統領ラザフォード・ヘイズの甥だという触れ込みだったが実際は違っていたらしい。

　ロイは結局、彼に資金を出させることに成功したが、それはヘイズとの結婚を約束したからだった。親子ほども年齢が違い、しかも既婚者だったヘイズとの結婚を当初は拒んだが、年甲斐もなく若いロイにほれこみすっかりのぼせあったヘイズは、妻とは離婚すると約束してロイを説得したらしい。最終的にロイが結婚を承諾したのは情にほだされたとも思えるが、彼を新しい飛躍のための格好の資金源とみなした、つまり金目当てだったと言われても文句は言えないだろう。

　ジャマイカへの巡業は実現し、一八八九年一月、ロイとモリスの劇団はニューヨークから出帆した。ロイには母親が付き添った。人生初の航海は幸先のいいものではなかった。港を出て間もなく恐ろしい嵐に遭い、二昼夜にわたってひどい船酔いに苦しみ沈没を覚悟した。ロイは、海の上ではいつでもこうなるのだと思い込んで二度と航海には出ないと決心したが、船がカリブ海まで進むと波は静まり、自分たちは異常な暴風雨に見舞われたのだとやっと気づいたという。

　ジャマイカは当時はイギリスの植民地だった。ロイの劇団はその中心都市のキングストンで、一月中旬から三カ月にわたって週三回の公演を続けた。演目は『カプリス』という軽演劇で、無教育な少女が育ちのいい芸術家に会い、その保護のもとで彼にふさわしい女性に成長していくという『マイ・フェア・レディー』を思わせるものだった。

母親とモリスと一緒に宿泊したホテルで、ロイは一人の男性客に注目した。彼がいつも、ひどくふさぎ込んでいる様子をしているのが気になり、こんな場合、そのままほっておけないロイは行動を起こした。対人関係でも積極的なロイの性格を示す出来事だった。

＊

ある日、私は母とモリスさんに、その男性を私たちのテーブルに呼びましょうと提案しました。でも、どうしてもその人と私たちの間では会話は成立しません。彼はフランス語しかできないし、私たちは英語しか話せなかったからです。それでも身ぶり手ぶりと、なんとか理解しようという双方の意志の力でようやく気持ち通じることができました。私たちの間の礼儀正しく思いやりのこもった交際は、言

図3 「カプリス」役のロイ・フラー

葉ではなく身をかがめてのあいさつや、両手をあちこちに動かす身ぶりで成り立っていたのです。それでも、知り合ってすぐに、私たちの絆は確かなものになりました。私の公演のある時は彼は私たちと連れだって劇場に来ました。一週間に三回です。そして一緒に食事をとりました。

ジャマイカに滞在した三カ月の間、白状しますと、その間に彼の名前を知ろうと思ったことはありません。私はいつでも、友だちその人より名前の方を気にかけることはありません。ジャマイカを去った私たちはニューヨークに戻り、キングストンのことはすっかり忘れていました。

（『私の人生の十五年』第九章から）

＊

エピソードはこれで終わったわけではなく、ロイは二年後にパリでこの男性と再会する。彼はユジェーヌ・プルといい、その時には英語が話せるようになっていて、どうしてジャマイカのホテルにいたのか、その事情が明らかになった。

その当時、男性の出身地のハイチで革命騒ぎがあり、有力な金融業者だった彼の父親は殺され、彼自身も小舟で逃げ出し、海上で救出されてキングストンに逃れた。ジャマイカにいる間、ハイチの友人と連絡をとろうとしたが果たせず母親や兄弟の生死も知ることができなかった。ロイたちがジャマイカを離れてからやっと事態は好転し、彼は国に戻って不運な父親を除いて他の縁者の無事を確かめることができたという。

彼は、当時の悲しそうにふさぎ込んでいた理由を説明したうえで、「何かお役に立てることはありませんか。きっと喜んでもらえると思うのです。友人のアレクサンドル・デュマを紹介しましょう」と言い、しばらくすると、実際にロイをパリ郊外のデュマの邸に連れていき『椿姫』の作者に紹介してくれた。ロイはたいへん喜び、その後、この文豪との交遊を深めることになる。

三カ月のジャマイカ巡業を終えたロイは四月初めにアメリカに戻り、南部のニューオーリンズでヘイズと落ち合った。ロイはヘイズの資金が無尽蔵だとでも考えていたのだろうか、この当時、父親のルーベンがフロリダで土地を買い込み、相変わらず金儲けの算段をしているのを思い出すと、電報で父親を呼び寄せてヘイズに引き合わせた。ルーベンはさっそく融資を依頼しヘイズに銀行家を紹介してもらった。

二人でニューヨークに戻る途中、ヘイズは離婚証明だという書類を示して改めて求婚しロイも承諾した。しかし、彼は「大っぴらに結婚式を挙げて世間の興味を引くと自分のビジネスに悪影響を及ぼしかねない。芸能人と結婚したことが知られると、設立準備を進めている新しい銀行の計画がダメになってしまう」という理由をつけて内密に結婚したいと申し出た。ロイは不審に感じたはずだが自分としてもヘイズとの結婚をあまり他人に知られたくないと思ったのかこの提案を受け入れた。

一八八九年五月十一日、ニューヨーク・ブロードウェーのロイのアパートで奇妙な結婚式があった。ロイとヘイズのほかに立ち会ったのはロイの母親のデリラだけだったともいうし、また、双方の弁護士が立ち会ったという話もあるが、いずれにしても結婚式とさえ言えない簡素なものだった。結婚の証明として残されたのは、互いに相手を正式の配偶者とするという誓約書だけで、立会人としてデリラが署名した。

ところで、ロイはジャマイカ巡業を共にしたモリスと別れると、ニューヨークの別の劇場に出演してある程度の評価を得た。しかし、何か物足りなかった。ジャマイカでたいして成功しなかった演目でも、目の肥えた観客がいる大都会ならもっと人気が出るはずだと考えた。ロイの決断は早い。自分自身が興行主兼スターとなって、当時の世界の演劇界の中心とされるロンドンに打って出ようと決心した。自分の後ろには大金持ちの夫ヘイズがついていて、経済的な支援を続けてくれるはずだと信じ切っていた。一方、芸能界の事情には疎いヘイズの方は、ロイのこの興行計画に資金を出すことを有利な投資のように考えていたらしい。

一八八九年九月三日、ロイは大型客船に乗り込んだ。生涯に何度も繰り返す大西洋横断航海の初回だった。ロンドンに着いてしばらくすると、ロイの両親と夫のヘイズもやってきた。ヘイズはアメリカで仕事があったためか間もなく帰ったが、アメリカへ旅立つ前にホテルの支配人に、「自分がロイ・フラーの夫であり、彼女の会計の責任を持つ」と言明していったというから、この時はまだ夫婦の仲も円満だったわけだ。

希望に燃えるロイは、ロイヤル・グローブという劇場を借りる契約を結んで俳優の募集を始めた。この劇場はグローブ劇場と略して呼ばれることが多いが、日本でグローブ座として知られるシェークスピアズ・グローブ劇場とは別物らしい。それでもロンドンの有名劇場の一つだったというから、借り賃もかなりの額に上ったと考えられる。

公演は十月二十二日に幕を開けた。演目はジャマイカでの巡業と同じ『カプリス』だったが、著作権をめぐるゴタゴタもあったようで、評判は芳しくなかった。劇場の賃貸契約は十二月末までの予定だったが、不入りのために数週間で契約を解除しなければならなかった。ロイは当然、ニューヨークのヘイズに援助を依頼したと考えられるが、ロンドンでの興行が有利な投資どころかとんだ金食い虫だとわかると、ヘイズは請求書の清算を拒むようになり援助を打ち切ってしまった。

その後の一八九〇年にかけての冬から春のロンドン生活が、ロイの生涯の中でも最も経済的に苦しい時期だったという。ヘイズからの援助が途絶えたうえに、まとまった金になる仕事を見つけられず、あちこちの劇場や演芸場で端役をこなし、バラエティーショーにも出た。一番安いホテルの屋根裏部屋に住んで、三度の食事にもことかくほどだった。しかも、これに追い打ちをかけるような悲劇が起こった。ヘイズと会って事態を打開しようとアメリカに帰った父親のルーベンが六月五日に急死したのだ。しかも、それはニューヨーク近郊のホテルでヘイズと会食した直後のことだった。死亡証明書にはチフス性の発熱が死因として記載されていたが、ロイはずっとヘイズが父親を毒殺したと信じていたという。

ところで、生涯でただ一回のヘイズとの結婚は、ロイ・フラーの人生で、良くも悪くも重要な意味を持ったはずだが、彼女の前半生の回想記である『私の人生の十五年』では、ジャマイカやロンドンでのいくつかのエピソードには断片的に言及しているのに、ヘイズとの結婚の事実にはまったく触れていない。第三者から見て、ちょっと異様な結婚生活を、ロイ自身も誇ることのできない人生の汚点と考えたのかもしれない。

話を戻すと、ロイは異国のロンドンで、経済的にも精神的にも苦しく厳しい試練にさらされたが、一八九〇年秋からの演劇シーズンが始まると事態はだいぶ改善された。多くの劇場で代役を務めると、軽快で魅力的な演技は『カプリス』を演じた時以上に好評だった。

そして、このロンドン生活の中で、本人も気づいていない貴重な体験も積んでいた。それは、やはり代役としてゲイエティ劇場に出演したことだ。この劇場の呼び物はゲイエティ・ガールズという踊り子たちによるスカート・ダンスだった。そのダンスは、長くてたっぷりしたスカートを、ステップを踏みながら大きく流れるように揺らして踊るダンスで、この劇場の定番として人気があった。ロイにとっては生活のための方便で、ダンサーとして身を立てることなど少しも意識していなかったが、この特殊なダンスをじっくりと観察し、自分でも踊ったことは、後に新しいダンスのスタイルを生み出すのに大いに参考になった。

一八九一年夏になると、このロンドンでの窮乏生活にもいよいよ別れを告げることになった。ロイに目をつけたアメリカ人の興行主が彼女を連れて母国に帰り、新しい出し物で打って出ようと考えたからだ。結局、人生で最初の海外生活は二年足らずで終わり、全体としては苦難な時期だったが、何事にも積極的なロイはこの古い都でも多くの出会いを経験していた。その中には次のステップへの飛躍にも大いにかかわることになる一風変わったエピソードが残されている。

*

ロンドンでのことです。私は友人に頼まれてインドの連隊に赴任する数人の陸軍士官の送別ディナーに出席しました。集まった人たちはみんな立派に装っていました。士官は美しく粋な制服を着用し、女性は襟ぐりが広く裾の長いドレスを身につけイギリス婦人ならではの見事な姿でした。

私は一番若い二人の士官に挟まれてテーブルに着きました。二人はとても首が長くびっくりするほど高いカラーを着けていました。初めのうち、あまりに威風堂々とした彼らと一緒にいることが気づまりでした。気取った様子で話しかけにくかったのです。でも、しばらくして彼らが私以上に気後れしていることがわかりました。私たちのどちらかが一歩踏み出して、自分と相手の怖気を振り払わない限り互いに打ち解けることはできません。

二人はどうも、女性と一緒にいる時だけ恥ずかしがるようでした。そんな彼らが戦争に加わるのは見たくないし、人も殺さないでほしいと、私の願いを話すと、一人がとても率直に答えました。

「ほかの人たちと同じように私も敵の標的になるでしょう。私を狙う敵はこれが戦争だと思うに違いありません」

「一番の文明人であるあなた方こそ、そんな風に考えるのではないのですか?」

「私たちに考える時間があるとでもお思いですか？」

彼はそう問い返しながらにっこり微笑みました。

彼らは本質的に、そして純粋にイギリス人でした。何ものも彼らを動揺させたり、その心を乱したり、わずかでも変えることは不可能です。テーブルについていた時、彼らは恥ずかしげでしたが、街中に友人を迎えに行くのと同じように死地に赴くことのできる種類の人間でした。この当時、私はイギリス人のことをあまり知りませんでした。彼らをよく知るようになったのはずっと後のことです。

私は彼らの名前をたずねることさえ忘れてディナーの席をたち、後でそれに思い至った時にはすでに遅すぎました。それでも、士官の一人が会話の中で私が滞在しているホテルについて尋ねたことは覚えていました。それからしばらくして、私がすっかりこの出来事を忘れたころにインドから小さな箱がホテルに届いたのです。

その小箱の中には、薄い白絹の奇妙な形のスカートと、やはりクモの巣のように薄い布の小物類が入っていました。箱は長さが五十センチ足らずで、葉巻の箱ほどの厚さもありません。他には何も、一行のメモもカードも入っていません。なんておかしなことでしょう。いったい誰から送られて来たのでしょう。私にはインドに知り合いは一人もありません。でも、不意にあの夜のディナーと若い士官たちのことを思い出し合点がいきました。

（『私の人生の十五年』第二章から）

＊

久しぶりのニューヨーク。一八九一年九月から、新しい雇い主のもとで舞台稽古が始まり、ロイも張り切って参加した。演目は『やぶ医者クアック』という、偽医者を主人公にした喜劇だった。舞台を魅力的にするためにいろいろな工夫が重ねられ、その一つとして、催眠術をかけられた未亡人が夢見るように踊るシーンを加えることになった。当時、ニューヨークでは催眠術が大流行だったからだ。そのシーンを効果的にするには、静かな伴奏音楽と幻想的な照明が必要だということになり、劇場の電気技師は緑色のフットライトを使い、オーケストラは静かな音楽を演奏することにした。

ここでロイにとっての問題が持ち上がった。催眠術のシーンにふさわしい衣装がなかったのだ。この演目の衣装のための前払い金はロンドンで受け取っていて、それなりの衣装を用意していたが、飛び入りで付け加えられた催眠術のシーンは想定外だった。窮乏生活の後だけに資金の余裕もない。困り果てて衣装棚やケースの隅々まで調べていると、トランクの底にある小箱が目にとまった。あの若いイギリス人士官がインドから送ってきた箱だった。

ロイは夢見心地のまま、しなやかな絹の薄布を手に取り身にまとってみた。その衣装は、スカートとしては少なくとも五十センチは長すぎたので、たくし上げて上着にピンでとめて古風で豪華に見えるようにした。独創的でちょっと滑稽にも見えたが、真剣にやるつもりもない催眠術のシーンにはぴったりだった。

『やぶ医者クアック』の公演は十月五日から、地方都市で始まった。ひのき舞台のニューヨークの劇場にかける前の小手調べといったところで、当時のアメリカ演劇界の慣例だった。その田舎町での公演で、催眠術のシーンを演じると観客から大きな拍手が送られた。特に未亡人役のロイが、長い衣装を踏んづけないように両手でつかんで空中に漂わせ、翼のある妖精のようにひらひらと舞い、最後にクアック医師の足元に倒れこんで雲のような薄絹に包まれると、観客の興奮した歓声がわきおこった。

そして十月二十日、いよいよ待望のニューヨーク公演が始まったが、田舎町での大成功が嘘のように不入りですぐに休演となってしまった。ほかに受け入れてくれる劇場もなく、『やぶ医者クアック』公演のために急造された劇団は解散し、ロイもニューヨークの路頭に放り出されてしまった。

公演の失敗にもかかわらず、新聞の批評の中にはロイの演技とダンスを評価し、才能を認める記事もあった。これに励まされ、「その才能を本当に開花させたい」と心底感じたロイは、その新聞記事を読んだ朝、ベッドから跳び下りると寝間着の上に例の衣装をはおり、舞台での自分の所作を再確認するために部屋の大きな鏡の前に立った。

＊

鏡はちょうど窓に向き合っています。窓には大きな黄色のカーテンが掛っていて、その布地を通して太陽が室内にコハク色の淡い光を投げかけ、その光が私をすっぽりと包み衣装を半透明にしています。金色の反射光がきらめく絹地のひだの上で踊り、その光の中で私の体はぼんやりとした影を描き出しています。それは私にとって感動の一瞬でした。私は無意識でしたが、大きな発見の場にいるのだと感じました。その発見について確信を得たのはずっと後のことですが、それこそ、私がずっと追い求めることになる新しい道を開くものでした。

穏やかに、ほとんど祈るように、私は薄絹を動かしてみました。それまで誰も知らなかった「波動」の世界を手に入れたことがわかりました。私はこれから新しいダンスを創り出すのです。どうして今までそのことを考えなかったのでしょう。

（『私の人生の十五年』第三章から）

＊

ロイは友人の助けを借り、時間をかけて身体と衣装の一つひとつの動きが光線とかかわってどんな効果を生み出すかを観察し記録した。片手をあるいは両手を高く上げ、右に左に回転し、何度も同じ動作を繰り返してダンスとしての美しい姿勢と動きを見つけ出していった。結局、それを十二種類にまとめ上げ、ダンス一番、二番、三番……と名づけた。さらに、それぞれのダンスの魅力を最大限に発揮するために、照明の色も一番は青色、二番は赤色、三番は黄色と限定して使うことにした。

ロイ・フラーが後に「光の魔術師」「光の女神」と呼ばれることになるのは、このダンスの本当の主役が、ダンサーでも衣装でもなく「光」だったからで、ロイはその「光のダンス」とでも呼ぶべき新しい舞踊の神髄を二十九歳の秋に直感的につかんだことになる。

独創的な価値あるダンスの手法を発見したと信じたロイは、これをニューヨークで発表したいと考えた。幸いなことに、ロイはこの大都会のほぼすべての劇場の支配人と知り合いだった。少女時代から女優としてあるいは歌手としてキャリアを積む過程で、多かれ少なかれ彼らの下で働いたことがあったからだ。しかし支配人たちの反応はロイの期待を裏切るものだった。「君がダンサーだって。そりゃあ、すごいね」と冷笑する者もいた。役者としてならともかく、ダンサーとして雇うことを約束してくれる支配人はニューヨークには一人もいなかった。

ロイは最後に、ずっと昔、前座歌手として雇ってくれたことのあるカジノ劇場のルドルフ・アロンソンという支配人を思い出した。この男もロイをダンサーとみなすことは拒否したが、共通の友人の取りなしでロイのダンスを試しに見ることだけはしぶしぶ承知した。約束の夜、ロイが友人に付き添われてカジノ劇場に行ってみると、ホールは真っ暗で、舞台はたった一つのガス灯が照らしているだけだった。オーケストラボックスの長椅子に腰かけていた支配人は、うんざりしたというより馬鹿にしたようにロイを見た。更衣室も伴奏のピアノも用意されていない。しかし、貴重なチャンスを失うわけにはいかない。ロイは舞台の上で例の衣装をはおり、自分でメロディーを口ずさんで踊り始めた。ダンスが進むにつれて支配人は近づいてきて、とうとう舞台に上がってしまった。

＊

彼の目は異様に輝いています。私はダンスを続け、舞台の奥の暗がりに消えたと思うとまたガス灯の光の中に戻ってきて熱狂的に踊り回りました。

最後に衣装を肩の上に持ち上げ、それを雲のように体にまとわりつかせ、薄い絹の震える塊になって支配人の足元にどっと倒れ込みました。やがて立ち上がった私は心配しながら彼が何を言うかを待ちました。

彼はしばらく何も言いません。でも、成功の予感が彼の頭をよぎったに違いありません。結局、沈黙を破ると私の踊りを「サーペンタイン」と名づけ、さらに続けて言いました。

「この名前が一番似合っている。それに、このダンスにぴったりの音楽がちょうど手元にあるから私の部屋に来なさい。それを聞かせてあげよう」

(『私の人生の十五年』第三章から)

＊

こうして、ロイ・フラーの代名詞ともなる「サーペンタイン・ダンス」が誕生した。一般に「サーペンタイン(serpentine)」という言葉は、「サーペント(蛇)」に由来する形容詞で「蛇のような」「曲がりくねった」という意味でつかわれる。日本語には訳しにくいとみえて、ダンスの専門家もそのまま「サーペンタイン・ダンス」として使うことが多いようだ。この名称は、ロイ・フラーの限られた演目の題名として使われることも、幅広く同類のダンスの総称として用いられることもある。

図4　サーペンタイン・ダンスを踊るロイ・フラー

このダンスの特徴は、長くて薄く通常は純白のたっぷりした衣装を、ダンサーが両手で波のように、あるいは渦巻きのように扱い、それに色彩光の照明をあててさまざまな幻想的なイメージを浮かび上がらせることにある。数あるダンスの中には、ぴったりした衣装を身につけて精密機械のように動く鍛え抜かれた肉体の美しさを鑑賞するものもあるが、サーペンタイン・ダンスでは、ダンサーの肉体はむしろ捨象され、絶え間なく動き波動する衣装がスクリーンの役目を果たし多色光の照射によって抽象的な映像を浮かび上がらせる。だから、その本質に着目すれば「光のダンス」と称していいだろう。

ロイ・フラーは、自分が「発明」したこのダンスに愛着をもち、終生その改良に取り組むことになる。光と陰の効果をあげるために衣装はしだいに大きくなっていき、これを扱うために長い杖を使うようになる。また、照明効果を高めるために鏡を用いたり舞台の床をガラス張りにしてその下から照明を当てたりする工夫もした。全体的に照明に対して舞台装置の価値は低くなり、光のコントラストを際立たせるために暗闇を重視することにもなっていった。

3 ヨーロッパへの旅立ち

「光」の不思議な力に導かれてサーペンタイン・ダンスを「発明」したロイ・フラーは、これこそ自分が生涯かけて追究すべき芸術のテーマだと確信した。一八九二年、三十歳になったロイは女優からダンサーに転身することで自分の評価が定まり、長年の苦労が報われると期待した。

ダンサーとしての第一歩は当然、ロイのダンスが気に入って「サーペンタイン・ダンス」と命名したニューヨークのカジノ劇場の支配人ルドルフ・アロンソンの下で始まった。彼が提案したのは、秋のニューヨーク公演に先立って間もなく地方巡業に出る劇団に加わり、このダンスを実際の舞台で演じてみることだった。これを聞いたロイは、イギリスからの帰国以来、各劇場の支配人や興行師らに相手にされず、少なからず傷ついた自尊心を癒して面目を施したいと思ったのだろう。「劇団のスターとして扱うこと」を条件に巡業に加わることを承諾した。

ところが、実際に旅に出てみると、あれほど約束したのにロイはまったくスター扱いはされず、ポスターに名前も載らなかった。せっかくの新しいダンスも幕間に、しかも照明なしで踊らされただけだった。ロイは不審にも不満にも感じたが、地方劇場のお粗末な舞台でのパフォーマンスだったのに観客の受けがよく、拍手喝采を浴びたことに慰められた。そして一カ月半後、ニューヨークのカジノ劇場での公演が始まり、いよいよ檜舞台でのデビューを迎えた。

図5　ニューヨーク・ブロードウェーのカジノ劇場

ロイは初めて舞台上で色彩照明を浴びて踊ることができた。ホール全体は暗く、赤や青の光線を浴びて登場したロイが、それまで誰も見たことのないダンスを一番から二番へと順に踊っていくと観客は熱狂し、最後には全員が立ち上がった。拍手喝采と「ブラボー」と叫ぶ声がロイの耳に大鐘の音のように響いた。翌日のニューヨーク各紙は「ロイ・フラーのすばらしい創作」を大きな記事で伝え、舞い姿のイラストを添えたものもあり、ロイのデビューは大成功だった。

そして、ロイの写真をもとに作った等身大のポスターが街中にあふれた。しかし、そのポスターには「サーペンタイン・ダンス　カジノ劇場」と大書してあるのに、どこにもロイ・フラーの名前はなかった。驚いたロイがアロンソン支配人に会って「安い出演料を承諾したのはスターとして扱うという約束があったからです。これでは出演を続けられない」と詰問すると、支配人は「無理強いはしないよ。後の準備はできているからね」と言い放った。

腹を立てたロイは本当にカジノ劇場を辞め、やはりニューヨークのマジソン・スクエアー劇場に出演することにした。すると、間髪をいれずにカジノ劇場にミニー・レンウッドという女がサーペンタイン・ダンスを踊ると告知するポスターが張り出された。ロイが巡業に出ている間に、アロンソン支配人が出演料の安いコーラスガールを雇ってダンスの特訓をしたらしい。一方、ロイを雇うことでサーペンタイン・ダンスを独占できると考えていたマジソン・スクエアー劇場側もカジノ劇場の動きを知り、当てが外れたとわかるとたんに冷淡になり、ロイは不利な契約条件をのまざるを得なかった。

以上のいきさつはロイの「回想記」によっているが、実際はロイの方からカジノ劇場に出演料の大幅増額を求めたという事情もあったらしい。いずれにしても、ロイはこの時の心境について「彼らは私のダンスを盗んだのです。私は茫然として死んでしまったように感じました。そう、本当の臨終よりもずっと死が身近にあるようでした。私の人生はこのダンスの成功にかかっていたのに、今、その果実を手に入れようとしているのは赤の他人なのです。私の絶望をどう表現したらいいでしょう」と書き残している。

ロイが大きな打撃を受けたことは理解できるが、その後の展開を見ると、マジソン・スクエアー劇場に移ったロイが大成功を収めたのに対し、ミニー・レンウッドのカジノ劇場はまったくの不入りだったというから、ロイの悔しい気持ちも幾分かは慰められたことだろう。

しかし、負けん気も権利意識も強いロイは、自分がモデルになったポスターをカジノ劇場が使い続けているのを見ると、劇場の親会社を相手取って千ドルの賠償と上演禁止命令を求めて提訴した。これに対し、カジノ劇場側はサーペンタイン・ダンスの名づけ親は支配人のルドルフ・アロンソンであり、ロイがカジノ劇場を辞めたことこそ契約違反だと反論した。そして、ロイの弁護士よりカジノ劇場側の弁護士の方が一枚上手だったといい、その影響もあったのか、あるいはロイの言い分に無理があったのか、一八九二年六月十四日の判決でロイの請求は退けられた。

ロイはまた、これとは別に、実際にサーペンタイン・ダンスを踊っていたミニー・レンウッドを相手取り、自分が考案したダンスの著作権を侵害したとして、このダンスの使用禁止を求める訴訟も起こしていた。この裁判の判決は四日後の六月十八日にあり、またもやロイは敗訴した。

ロイ側は、「サーペンタイン・ダンス」の著作権の実質として、具体的な三つ場面をあげ、「いずれも真っ暗な舞台でダンサーが見えない状態から始まり、突然、光の照明が当たるとダンサーが登場する。衣装のさまざまな動きと次々に色を変える照明によってダンサーは大きな花、波、巨大なクモの巣、大きな蝶などのイリュージョンを舞台上に表現する……」と事細かに内容を示した文書を提出していた。しかし判決では、ロイ側が権利を主張するダンスの内容は、いくつかの機械的な動きの考案にすぎず、何の物語性も性格描写もなく感情も表現していないから、たとえ何らかの舞台効果を生み出したにしても保護対象となる著作物にはあたらないとした。

この裁判結果はロイを深く失望させたが、単に当事者のロイを嘆かせただけでなく、合衆国の著作権解釈の歴史の中で大きな意味を持ったと言われる。そもそも、アメリカの演劇の歴史において抽象的な振付けに対する著作権が主張されたのはこれが初めてのことだった。そして、ロイのダンスを法的に保護することを拒絶したこの判決は長い間、この分野の判例として生き続け、アメリカでダンスや振付けの芸術性についての著作権が争われたすべての裁判で引用されたという。物語性のないダンスやバレエについても知的財産権を考慮するようにアメリカの法律が改められたのは、ロイの裁判から八十六年後の一九七八年だったとされる。

アメリカは訴訟社会で、事あるごとに裁判に訴えると言われる。それがいつごろから始まったことか知らないが、十九世紀末に成人したロイ・フラーにも確かに「裁判好き」という面があった。勝気な性格に加え、常に前向きに新しいことに挑戦していたから理不尽な目にあう機会が多かったのかもしれない。生涯に何回も訴訟を起こし、自分の「発明品」を守るために多くの特許権の申請もしている。ところが、ロイは「回想記」の中でサーペンタイン・ダンスの誕生と、それを巡るカジノ劇場などとのトラブルについてかなり詳しく語り、支配人や実際にダンスを踊ったダンサーらを非難しているが、それを巡って裁判沙汰があったことには一切触れていない。敗訴したことを屈辱と感じて、自分の印象を傷つけかねない事実は「回想記」には書かないという方針を貫いたのかもしれない。

ロンドンからアメリカに戻って新しいダンスを発明したこの時期、ロイはダンスの著作権などをめぐる裁判とは別に、もう一つの法律問題を抱えていた。それは、夫のコロネル・ウイリアム・ヘイズが経済的な苦境にあったロイをすげなく見捨てたことから始まったようだ。ロイとしては、自分の大失敗で迷惑をかけたにしても、二人はまだ形式的には夫婦だったから、ある程度の援助は得られるものと期待したのだろう。しかしヘイズは甘い顔を見せず、ロイの才能も認めようとはしなかった。それればかりか、ロイの不品行を言い募っているという噂を耳にして衝撃をうけた。自分の父親の急死についても疑いを感じていたロイには復讐する気持ちもあったのだろう。一八九二年一月、はっきりした証拠のある重婚のかどでヘイズを告訴した。実際、ヘイズは三年前にロイとの結婚を宣誓した後も妻とは別れずに生活を共にしていた。

裁判になると、ヘイズの弁護士は被告人がいかにロイに対して気前が良かったかを強調した。ジャマイカ巡業を実現させ、ロンドンでは自分の劇場を持ちたいという希望を大金を払ってかなえてやり、結局、経済的に破たんするとその借金の面倒も見た。それに、ロイとヘイズは夫婦とは言っても実際に同じ屋根の下に住んだことはないと言明し、舞台人であるロイの道徳性や品行に疑問を投げかける多くの暗示的な証言をした。

長引くことも予想されたこの訴訟沙汰は一カ月後にはあっけなく決着した。一八九二年二月二十日付のニューヨークの新聞は「ロイ・フラーは今週、二つの成功を勝ち取った」という記事を載せ、第一の成功としてカジノ劇場で「サーペンタイン・ダンス」が観客を熱狂させたこと、第二の成功としてコロネル・ウイリアム・ヘイズに対する重婚罪の訴えをロイが取り下げるのと引き換えに、相手から正式の謝罪と一万ドルの支払いを受けたことを伝えた。ヘイズは元からの妻との結婚生活を続けていたうえに、別の女からも同じように訴えられたため、これ以上ロイと争うのは得策でないと考えたようだ。

このように何やら騒々しいロイの身辺では、人目をひく裁判沙汰とは別に、些細なことに見えながら彼女の将来の運命につながる出来事も起きていた。それは、ロイがカジノ劇場を辞めてマジソン・スクエアー劇場で踊り始めたころのことだった。

シカゴ周辺で過ごした少女時代、チャリティー活動に進んで参加するなど、生来、気のいいところもあるロイはニューヨークに来てからも慈善コンサートなどに誘われるところよく応じていた。そんな中で、やはりニューヨークのドイツ劇場で開かれた、病気の女優を援助する慈善公演に出演したことがあった。ロイのダンスの伴奏をしたのはルーマニアのオーケストラで、舞台がすむとそのチーフが楽屋のロイに会いに来て、ヨーロッパに行けば素晴らしい成功を収めるに違いない、なかでもパリの芸術家たちはロイのダンスをその価値にふさわしく迎えてくれるだろうと「予言」した。また、ドイツ劇場の支配人も一緒にヨーロッパ巡業をしようとロイを誘った。もちろん即答はしなかったが、この時から、ヨーロッパに渡って「パリで踊る」という考えが固定観念のようにロイの心の中に染みついたという。

同じころ、ロイはマジソン・スクエアー劇場の支配人の仕事仲間だという男から、友人が集まるパーティーに出て幕開けのダンスを踊ってほしいと依頼され、支配人のためになるならと二つ返事で引き受けた。それから始まる「事件」はロイに深い印象を残したと見えて、「回想記」の中で事細かに描いている。

このパーティーを開いたのは「ちゃらんぽらんクラブ」とでも言うべきふざけた名前の遊び人のグループで、パーティー自体も乱痴気騒ぎだったらしい。幕開けのダンスを踊ってすぐに帰ったロイは何も知らなかったが、秘密のはずのパーティーのことがある新聞にすっぱ抜かれて「ロイ・フラー『ちゃらんぽらんクラブ』の開幕飾る」という悪意に満ちた記事が出た。出演料さえもらわず、ただ支配人のためを思って依頼に応えただけなのにとロイは激怒した。ただ支配人を問いただしてみても真面目に答えず、少々出演料を増やせば済むだろうという態度を見せたため、自尊心の強いロイは大きな屈辱を感じた。

こんなことがあって、ロイのヨーロッパを憧れる気持ちはますます強くなった。自分が発明し上演する権利を独占できると考えたサーペンタイン・ダンスを巡る裁判で相次いで敗訴したことに嫌気がさしたのかもしれない。また、ルーマニアのオーケストラのチーフが保証した「芸術的な感性を備えた」パリの観客の前で踊りたいとも考えたのだろう。この時、マジソン・スクエアー劇場の出演料は週百五十ドルで、ロイを手放したくない支配人は、新たに週五百ドルを提示して引き留めたというが、ロイの決心は固くドイツ劇場の支配人が示した週七十五ドルのヨーロッパ巡業の契約書にサインした。

一八九二年夏、ロイは母親のデリラと一緒に大西洋を横断する客船に乗り込んだ。三年前にロンドンに渡った時には、大した経験も成算もないままの渡欧で、結局、しっぽを巻くようにしてアメリカへ帰ったが、今度はサーペンタイン・ダンスという武器を手にして彼女自身の覚悟も前回とは違っていた。結果的にこの航海からダンサーとしての世界が大きく広がることになるのだから、まさしく記念すべき「旅立ち」だった。

船上で乗組員を慰労するパーティーが開かれるとすすんで参加し、ヨーロッパ巡業に備えてニューヨークで作らせた大事な衣装を身にまとい、大海原を背景に遭難信号灯の照明の下で新しいダンスを踊って見せた。「船員や乗船客の拍手喝采を浴びた」と、誇らしげに書き残しているのは、誰とでも分け隔てなくつきあい、芸の出し惜しみもしない、いかにもロイ・フラーらしいエピソードと言っていいだろう。

ドイツに着くと、先に到着していたニューヨークのドイツ劇場の支配人に出迎えられ、ベルリンに向かったがさっそく困惑させられることになった。アメリカ出発前にはロイが出演するのはベルリンのオペラ座だと言っていたのに、これはいい加減な空約束で、実際はまだロイの出演先が決まっていず、どこかの劇場に出演するにしてもそれは一カ月も先になるというのだ。

結局、長い間待たされたあげくにロイが出演したのは大衆演芸場のようなミュージック・ホールだった。「事前にわかっていれば、こんな無責任な支配人と契約を結んでドイツに来たりはしなかったのだが」と後悔しても後の祭りで、言葉もよく通じない異国であってみれば、支配人の言いなりになるしかなかった。ロイはみじめな気持ちを抱いたまま場末のミュージック・ホールのステージに立った。

弱り目にたたり目というのか、さらに、彼女を苦しめる事態が持ち上がった。母親のデリラが病気になってしまったのだ。しかも当時、ハンブルクでコレラが流行し始めていたため、急に発病したデリラもコレラに感染したのではないかと疑われ、実際はそんな重病ではなかったのだがホテルの従業員たちはおびえきって、もう少しで隔離病院に収容されるところだった。

これに追い打ちをかけたのは、ミュージック・ホールに出演して一カ月が過ぎたころ、ドイツ劇場の支配人がロイとの契約をこれ以上続けるつもりはないと言い出したことだった。支配人は新しい劇団のために雇ったドイツ人の俳優を連れてアメリカへ戻るつもりのようだった。

これを聞いて、ロイはこれまでの彼の不誠実で不審な態度の意味を一瞬で理解したという。つまり、支配人がロイにドイツ行きを誘ったのは、ロイのダンスをヨーロッパで花咲かせたいという親切心からではなく、ロイと一緒にヨーロッパ各地を回って一儲けしようとしたのでさえなかった。彼がいったん母国に戻った目的は、新しい劇団を旗揚げするための団員を募集することで、その費用を捻出する金づるとしてロイを連れて来たのだ。だから、劇団員集めが首尾よくいってアメリカへ渡る準備ができれば、もはやロイに何の用事もなかった。支配人は間もなく、新しい劇団員を引き連れて本当にアメリカへ向けて出発していった。

一人ベルリンに残されたロイは途方にくれた。ミュージック・ホールの出演契約が終わった時にロイが持っていたのはやっとホテル代を支払えるだけの金額だった。財布はからっぽで母親は病気、新しい契約の見込みもなく、まったく八方ふさがりの窮地に陥ってしまった。後でわかったことだが、一カ月間の出演料としてドイツ劇場の支配人がミュージック・ホールから受け取ったのは一万マルク、つまり一万二千五百フランだったのに、そのうちロイに渡したのはたったの千五百フランだけだった。

ところが、捨てる神あれば拾う神ありというのか、ドイツ劇場の支配人に去られて困っていたロイを訪ねてきて、彼女のマネージメントをしたいと申し出た人物がいた。後には立派な劇場支配人になるのだが、当時はまだ無名の興行師だったマルタン・スタインという若い男で、ミュージック・ホールでロイのダンスを見て「商売になる」と踏んだのだろう。ワラにもすがりたいと思っていたロイは一も二もなく、彼にマネジャーになってもらい、とりあえず今まで出演していたミュージック・ホールでしばらく働けるように依頼した。この演芸場はあまり上品ではなく、ロイのヨーロッパでのキャリアを汚しかねないものだったが、ベルリンを離れる資金を得るためには、なお一、二週間ここで稼ぐ必要があった。

「パリに行きたい」というロイの意を体したスタインは、一足飛びにパリまで行く旅費がないので少しずつ南に向かう段取りをつけた。ロイにとって、この旅も厳しく辛いものだったが、ベルリンでの暗たんたる日々と違い、目的地だけははっきりしていた。

＊

こうした状況の中で、マルタン・スタインさんは、ハンブルグ郊外にあるアルトナという遊園地での十回ほどの公演契約を取ってきてくれました。そこで数百マルクを稼ぎ、次にケルンに行きました。ケルンでは、サーカスに入ってとても利口なロバとオルガンを演奏する象との合間に踊らなければなりませんでした。屈辱もここに極まったと言うべきでしょう。しかし、その後の人生で、千里眼の馬や音楽好きの象たちと近づきになることは、ある種の人間と交わるのに比べれば、それほど屈辱的でもないと感じる機会は少なくありませんでした。

そして遂にパリへと旅立ちました。できるだけ節約するために、アメリカでは見られない三等車で旅をしなければなりませんでした。でも、それが何だというのでしょう。取るに足らないことです。待ち受けるのが成功か破滅かわかりませんが、とにかくパリに行くのです。

（『私の人生の十五年』第四章から）

4　憧れのパリ

パリ！　パリ！　ついにパリ！

私は救われ、これですべての辛苦も終わるだろうと感じました。パリ、それは大しけの航海のあとの港、人生を襲った猛烈な嵐のあとに待ち受けていた恵みの避難港でした。そして私は不遜にも、これほど期待し、望み、欲した偉大な都を私自身が征服することになると考えていました。

（『私の人生の十五年』第五章から）

＊

一八九二年十月、ロイ・フラーはようやく念願の地にたどり着いた。パリ東駅のプラットホームに降り立ったロイはちょうど三十歳だったが、アメリカ人の誇りを胸に、勇気と活力に恵まれもともと童顔だったから若々しく希望に満ちていた。

パリに着いたロイは、ホテルに入るより先に行動を起こした。ドイツでマネジャーになってもらったマルタン・スタインを、世界最高の舞台のオペラ座に向かわせたのだ。実は、ロイはドイツにいる間にオペラ座の総監督あてに手紙を出して「オペラ座で踊らせてほしい」と依頼していた。ニューヨークでは、ブロードウェーの格の高い劇場でオペラの幕間に踊ったことがあり、パリでも同じことができると考えていた。

ちょっと横道にそれるが、ロイが「回想記」のなかで、この時のことについて、さりげなく「グランド・ホテルの部屋をとるより先に」と書いているのが興味深い。グランド・ホテルは、パリ中心街のオペラ座の近くにある高級ホテルで、宿泊料もばかにならない。ドイツで食うや食わずの貧窮を味わい、所持金も決して多くなかったはずだから、いくらパリで希望に満ちた新生活をスタートさせるにしても、普通では考えられない浪費に思える。一般に、当時の芸能人は見栄をはって身の丈をこえた金の使いかたをしたらしいが、ロイの場合は度をこえていた。ほとんど生涯を通じて懐具合に関係なく、土地々々の最高級のホテルに宿泊したと言われている。「経済観念に乏しい」と評される所以で、パリでの第一日からその実例を示したことになる。

話を戻すと、オペラ座に出向いたマネジャーのスタインは門前払いされることもなく、総監督のペドロ・ガイヤールに面会できた。しかし、パリの興行界では新参者だったスタインは、往年の名歌手でグノーのオペラ『ファウスト』のメフィストフェレス役で鳴らした総監督の堂々たる低音に気おされ気味だったらしい。スタインの説明を聞いたガイヤールは、試しにロイのダンスを見てもいいと言ってくれた。しかし、それが気に入っても、オペラ座で踊るには大事な条件があると言い、他の劇場には絶対に出演しないこと、出演回数は多くても月に四回だけだという二点をあげた。スタインは「月四回では少なすぎる」と抵抗したが、ガイヤールは「パリには同じようなダンサーがたくさんいるのだからこれで十分だ」と言って取り合わなかった。

がっかりした様子でオペラ座から戻ってきたスタインの報告を聞いたロイも、憧れのオペラ座に出るにしても、それが月四回だけで、他の劇場への出演が禁止されてはとても経済的にやっていけないと判断しあきらめざるを得なかった。パリでの活動は第一歩からつまずいたわけだがここで気落ちしているわけにはいかない。こうなるとロイの決断は早かった。その日の夕食をすませると、母親のデリラとマネジャーのスタインを辻馬車に押し込み、フォリー＝ベルジェールというミュージック・ホールのアドレスを御者に手渡した。

実は、ロイがドイツからオペラ座の総監督に手紙を送っていたのと同じように、スタインもフォリー＝ベルジェールの支配人にロイの出演を依頼する手紙を送り、そのことをロイにも伝えていた。ロイ本人は自信満々で天下のオペラ座を目指したのだが、さすがにマネジャーの方は、何といってもヨーロッパでは無名のロイがいきなりオペラ座の舞台に立てるとは思えなかったので、より確実なミュージック・ホールに目をつけて、いわば保険を掛けておいた。このフォリー＝ベルジェールは今もパリ九区の繁華街にある有名なミュージック・ホールで、十九世紀末から第一次世界大戦までのベル・エポックのパリを彩る代表的な遊興施設の一つだった。

図6　1900年ごろのフォリー＝ベルジェール

　やがて馬車がフォリー＝ベルジェールに着くと、店の前の大看板を見てロイは驚いた。そこに描かれていたのは確かにサーペンタイン・ダンスのようだが、踊っているのはロイ・フラーではない。「天地がひっくり返った」ように感じたロイは、それでも気を取り直して支配人に面会を求めた。受付係は、公演が終わるまで待つようにと言ってロイたちを舞台が見える客席の隅に案内した。気もそぞろのロイは、ひたすら自分のライバルのサーペンタイン・ダンスが始まるのを待った。

ついにダンサーが舞台に登場し、ロイはもう一度驚いた。そのダンサーは顔見知りのアメリカ人で、しかもロイはその女に金を貸したまま返してもらっていない。「金だけでなく、自分が苦労して育ててきた美しい夢さえ盗むとは……」。怒りに震えたロイだが、ダンサーの演技が進むにつれて心が静まり、演技が終わると心からの拍手を送った。称賛の拍手ではなく、自分のモノマネさんが余りにもお粗末なのを知って安心したからだった。「彼女の無能ぶりを知って私は喜びのあまり彼女にキスしたいほどでした」と語っている。

支配人と面会するころにはロイはすっかり自信を取り戻していた。その場に居合わせたのは自分たち三人と、相手側は支配人のエドアール・マルシャンとその夫人、オーケストラの副指揮者だった。マルシャンは劇場支配人としてはなかなか腕利きで、斬新で珍しいタレントを発掘し、一時不振だったフォリー＝ベルジェールの人気を挽回していた。

ロイはフランス語ができないので、マネジャーのスタインに通訳してもらうのだが、開口一番、支配人に対して次のように言ってほしいと要求した。それは「ベルリンからの手紙で出演を依頼しておいたのに、どうしてあんなモノマネ女を雇ったのか」という手厳しい質問だった。世慣れたスタインは「そんな言い方をしていいのですか、あなた自身がここに来る前にオペラ座に出演を依頼したでしょう」とたしなめたが、すっかり強気になっていたロイは「彼は何も知らないから大丈夫、私の質問を続けて」と言い張った。ロイはこの時、マルシャン支配人は英語はできないと思い込んでいた。だから、通訳のスタインと無遠慮に英語でやりとりをしていたが、実はマルシャンは英語が話せるのを隠して、この場ではフランス語だけで押し通していたのだ。後でこれを知ったロイは「彼はその夜、笑いをこらえるのにさぞ苦労したことでしょう。私たちは何も気づかず、彼がシェークスピアの言語に通じているとは夢にも思いませんでした」と苦笑している。

スタインが仕方なくロイの言い分を通訳すると、マルシャンの答えは、パリのミュージック・ホールでライバル関係にあるカジノ・ド・パリがサーペンタイン・ダンスを出し物にしようとしているのを知り、先を越させるわけにはいかないので、急いで今のダンサーを雇った。しかし、カジノ・ド・パリは結局、サーペンタイン・ダンスを舞台にかけなかったし、今いるダンサーも成功していないから、ロイのダンスにもあまり期待はしないということだった。

この乗り気でない返事を聞いて、ロイの気は進まなかったが、スタインが「他のダンサーに比べていかに優れているかをはっきり見せるべきだ」と強く勧め、ともかく自分の踊りを見てもらうことにした。

伴奏として用意されたのはバイオリン一丁で、舞台の照明もランプ一つだけだった。これでは、独特の衣装と多彩な照明が特徴のロイのダンスの魅力を十分発揮できたはずはないが、新しいものに興味を持ち観客の好みにも通じた興行師マルシャンの心をとらえる何かがあったらしい。ロイが踊り終えると、彼は三人を自分の部屋へ招き入れて、その場で出演契約を結びたいと申し出た。

モノマネ女の契約期間が終わったら、入れ替わりにロイを出演させるということだったが、一日も早く舞台に立ちたいロイは直ちに女を辞めさせるべきだと主張した。結局、マルシャン支配人も折れて、現在のダンサーには契約期間の出演料全額を支払って直ちに解雇し、新聞やポスターに彼女の出演が予告されている残りの期間は、ロイが自分の名前は使わずに彼女の代役として舞台に立つことにした。

抜け目のないマルシャンはこの準備中に、ロイを当時から有名な日刊紙フィガロの編集部に連れていき、新聞社内の即席の舞台で彼女のダンスを披露した。翌日の同紙一面にその記事が載っていて、「パリでは、ぱっとしないニセモノしか見られない有名なサーペンタイン・ダンスを発明した若いアメリカ人女性」とロイ・フラーを紹介し、そのダンスは斬新で、動きと衣装と電気照明をうまく組み合わせて魅力的だ。次の土曜日（十一月五日）にデビューすると書いてくれた。記事は雑報欄のなかの一本で四十行ほどだが、当時のフィガロは通常四ページだてにすぎなかったから、多くの読者の目にとまり前景気をある効果があったに違いない。

ところで、ちょっと気になるのは、このフィガロの記事の冒頭を直訳すれば、「日曜日にルアーブル港に着いた客船ブルゴーニュ号がダンス界のスターをフランスに運んできた」と書いてあり、ロイ・フラーがアメリカから直接、フランスへ来たように読めることだ。前に見たように、彼女がパリに着いたのはドイツのベルリンからハンブルグ、ケルンを経由していて、その苦労話は自身の「回想記」に詳しい。フィガロの記者が勝手に作文したとは思えず、ロイがヨーロッパでの本格的なデビューを前に、自分でもキャリアを傷つけかねないと考えていたドイツでの経歴を、この場では隠したと考えられる。

話を戻すと、フィガロの紙面にあったように一八九二年十一月五日土曜日、ロイ・フラーは自分の名前でフォリー＝ベルジェールの舞台に立ち、本当のパリでのデビューを果たした。予定していた演目は一番目が、ずばり「サーペンタイン・ダンス」と名づけた演目で、二番が「スミレの舞」、三番が「胡蝶の舞」、四番は後に観客が「純白の舞」と呼ぶことになるもので、支配人のマルシャンはこの四つのダンスで十分だと考えていたが、ロイ本人はさらに五番目のダンスを、足元のフットライトから上に向けた照明を浴びて踊りたいと思っていた。

＊

私のダンスが進むにつれて観客の熱狂は高まっていきました。四番目のダンスを終えて幕が降りた時にはブラボーの声が耳をつんざくばかりで、五番目のダンスの前奏曲が聞こえません。袖幕の近くにいた支配人の指示で舞台幕が何度も上げられ、大きな拍手喝采が続きました。明白な事実を認めざるを得ません。もはや踊り続けることは不可能だしその必要もありません。四つのダンスの上演時間はアンコールも含めると四十五分間になりました。大成功の喜びにいくら励まされても、私はもう限界に達していて踊り続ける力は残っていません。

私は支配人を見て尋ねました。

「最後のダンスはどうしましょう」

「その必要はない。君が踊った四つのダンスで十分観客を熱狂させたからね。あの歓呼の声が聞こえないか」

次の瞬間には私たちは興奮した観客に取り囲まれ、彼らに運ばれるようにしてやっと自分の楽屋にたどり着きました。

（『私の人生の十五年』第五章から）

＊

フォリー＝ベルジェールでの初演は大成功をおさめ、翌日のパリの新聞は一斉に、サーペンタイン・ダンスの発明者という肩書をつけてロイのデビューを華々しく伝えた。例えばプチ・ジュルナル紙は「彼女は最も鮮烈な成功をかち得た。観客は何度もアンコールを求め、感激して温かい喝采を送った。ミス　ロイ・フラーはそのオリジナルなダンスに完璧な優雅さを込めた。その上、彼女はとても美しい女性で、パリですぐに人気を集めるのは間違いない」と保証した。ロイ・フラーはいろいろな形容詞でほめられたが「美しい女性」と言われたのは珍しいことだった。

さらに、プチ・パリジャン紙は「こんなにオリジナルなものは他にないから、このダンスがアメリカで引き起こした熱狂を我々も理解できる。ダンサーは時に応じて花にトンボに蝶にと変身し、彼女のまわりの透明な布の渦は電気照明によって玉虫色に絶えず変化する。非常な成功だったからマルシャン支配人がミス　ロイ・フラーを雇うために大きな犠牲をいとわなかったことは正しい。彼女の一カ月の出演料は八千五百フランだ」と伝えた。

ロイ・フラーの名前はたった一日でパリ中に広まった。翌日からフォリー＝ベルジェールには、奇跡を起こしたアメリカ人ダンサーを一目見ようという観客が詰めかけ、十日前に予約しなければ席をとれないと言われた。そして、フラー効果はこのミュージック・ホールに大勢の客を集めただけでなく、その客層を一変させたと言われた。

フォリー＝ベルジェールをはじめ、有名なムーラン・ルージュ、カジノ・ド・パリ、オランピアなどのミュージック・ホールは、当時パリを訪れた日本人が演芸場に分類したように、パントマイムやオペレッタのような演目もあったが、アクロバットや動物のショーなど、ありとあらゆる出し物がそろっていて、中には露出度の大きい衣装によるエロティックなダンスもあり、酔客を相手に客引きをする娼婦も出入りしていた。とても上品な娯楽施設とは言えず、良家の子女の出入りすべき場所ではないとされていた。

ところが、ロイ・フラーの評判を伝え聞いたパリの芸術家、つまり画家、彫刻家、作家、歌手などが詰めかけて、それまでの常連客を追い出しかねない勢いだった。その中には著名人も含まれていて、象徴派詩人の代表格のステファン・マラルメもロイのダンスを「ペンや紙から解放された自由な詩だ」と評した。また、マチネー（昼間公演）には、ミュージック・ホールには無縁だったはずの女性や子供も訪れるようになった。

そんな当時の雰囲気を伝える面白いエピソードがロイの「回想記」の中に残されている。ここに出てくるエンマ・ネバダというのは十九世紀末から二十世紀初頭にかけて、世界最高のソプラノと称えられた名歌手で、アメリカ人女性だがイギリス人の医師（後に彼女のマネージャー）と結婚し当時はパリに住んでいて、ロイの友人でもあった。

もう一つの興味深い話は、偉大なアメリカ人歌手ネバダの娘のことです。この子は私のことをいつも「私のロイ」と呼んでいたのですが、初めて私のダンスを見に劇場に来た後で私の真似を始めました。そこで、私は小さな舞台衣装をプレゼントして彼女を喜ばせました。

＊

彼女の父のパーマー医師は、色がさまざまに変化する不思議な提灯を自宅に置きました。娘はその光を浴びて、ちょっと変わった素晴らしいステップのダンスを考案して、それぞれ、春、夏、秋、冬の誕生と名づけました。彼女は多様な表現をものにし、腕と体の動きを上手に調和させることもできました。

このかわいい娘は知り合いの前で大変うまく踊りましたが、それはごく少人数でした。この魅力的な子供にもっと多くの友人から拍手を送ってもらおうと、ネバダはワグラム街の豪壮なアパルトマンで何回かリサイタルを開くことになりました。そのうちの一回には、真面目で厳かなカトリックのお坊さんたちが出席しました。この娘の優雅な動きに坊さんたちが感嘆し我を忘れたのを見て、娘は事もなげに言いました。

「皆さんはこのダンスが好きなんですね。だったら『私のロイ』を見に行かなければいけませんんわ。彼女はフォリー＝ベルジェールで踊っていますよ」
（『私の人生の十五年』第十三章から）

＊

この「小話」のオチは、謹厳なカトリックの聖職者に対し、無邪気な子供が、所もあろうに「汚らわしい」ミュージック・ホールへ行くことを勧め、お坊さんたちを面食らわせたということだろう。ちなみに、この娘も後にミニョン・ネバダという名前でオペラ歌手になったという。

それにしても、ロイのダンスがどうしてパリで、これほどの人気を集めたのだろうか。当時すでに芸術の都と称えられたこの地には、世界一の舞台とされるオペラ座をはじめコメディー・フランセーズやオデオン座など名だたる劇場が軒を並べ、フォリー＝ベルジェールのライバルである他のミュージック・ホールも連日連夜、魅力的な舞台を提供している。そんな中で、ロイ・フラーのダンスが注目されたのは、目の肥えたパリジャンにとってもそれまで目にしたことのない斬新なパフォーマンスだったからだろう。

ロイの舞台からは装飾は取り払われ、初めは暗闇に沈んでいる。舞台を飾るのは光、つまり照明の効果だけで、舞台と観客席との従来からの関係を一変させた。また、筋書きを追う物語性を極力排除し、大きな衣装のうねりに光をあてて描き出す純粋に抽象的な形とその変化を次々に観客の前に提示した。ロイは自分のダンスを「動きの芸術」と定義していたが、これは、舞台芸術としてはまったく空前の試みで、新しもの好きのパリっ子の心をつかんだと言えよう。

そしてロイの成功は、本人が熱意を注いだ創意工夫の結果であるのは当然としても、フォリー＝ベルジェールのマルシャン支配人の並々ならぬ肩入れがあったことも認めなければならない。ロイの「回想記」を読むと、マルシャンによって苛酷に扱われたという印象を受ける場面もあるが、新しいパフォーマーを自分の舞台に立たせることに熱心で興行師としても優秀だったマルシャンが、高給で雇った「新商品」をないがしろにするはずはなかった。それどころか、ロイ・フラーが金の卵だと直感したマルシャンは、デビュー前にフィガロに売り込んだことは前に触れたが、デビュー後も宣伝に努めた。ロイのポスターがパリの街中に張り出されただけでなく、宣伝看板を載せた人力荷車が何台もパリ市街に引き出された。そこに等身大で描かれたロイの姿はエロティックでも不健康でもなく、詩情あふれた芸術的なものでマルシャンのロイ・フラーに対する敬意がうかがわれた。

マルシャンがよき理解者であったおかげで、ロイは舞台装置、照明、演技などに関して、思うままに自分のアイデアを実行することができた。そのマルシャンがロイを評して「全然辛抱強い性格ではないのに、一面では信じられない粘り強さを見せる」と言ったことがある。それは、舞台照明の効果を確かめる時などに発揮された。ロイは夕食も夜食もとら

図7　ロイ・フラーを宣伝するフォリー＝ベルジェールのポスター

ずに、照明の色彩、強さ、角度などのテストを舞台上で夜通し繰り返し、照明技師を午前六時まで使うこともあった。

光による照明を大事にしたロイは、それを最大限に生かすために暗闇も大切にし、オーケストラ・ボックスの中の楽譜を蛍光文字で書くように求めさえした。この妙案は楽師たちに拒絶されたが、光量を必要最小限にするために、楽譜台の上に小さな傘を付けさせることにした。また黒い幕で舞台の周りだけでなく天井や出入り口も覆わせた。

デビュー後も絶えず工夫を重ね、演技を改良し続けたおかげでロイ・フラーの人気はどんどん高まっていったが、フランス語がうまく話せず当初は外出もほとんどしないロイ本人はその人気に気づいていなかった。マルシャン支配人の妻がある日、ハンカチを買うためにロイを大きな専門店に連れて行くと、売り場に「ロイ・フラー」の名前をつけたハンカチが並んでいてロイを驚かせた。自分と同じ名前の人が他にもいるのだと思っていて、マルシャン夫人に「これはあなたの名前を付けたのよ」と知らされると、「どうして？店の人は私を知らないのに」と不思議がったという。パリの百貨店として現在より存在感のあったボン・マルシェやルーブル百貨店でもロイ・フラーの名前をつけたスカート、ペティコート、帽子、リボンなどを売り出した。

一躍スターになったロイは、その気になればファッション・リーダーにもなりうる立場だったが、本人の服装はかなりひどいものだった。「回想記」の第一章では、生後六週間で父親の友人のサプライズ・パーティーに連れていかれた時、ロイが身に着けていたのは「黄色のフランネルの上っ張りとキャラコのズボン」で、その様子は「哀れな貧民の子供のようでした」といい、成長してからも「化粧や衣装にはほとんど無頓着な生活習慣をずっと持ち続けました」、と自分の服装センスを解説している。

ところで、デビューの最初から、ロイ本人と支配人のマルシャンにとって頭の痛い問題だったのは、四つのダンスを踊ってアンコールにもこたえる四十五分間の舞台がロイをひどく疲れさせることだった。幕が下りるとその場で立ちつくし、劇場裏に借りてあったアパルトマンまで技師たちに送ってもらわねばならなかった。そこで、マルシャンはまず、楽屋の仕切り壁を壊してロイのための特別な休憩室をつくり、さらに、劇場の奥の壁をぶち抜いて裏のアパルトマンに通じる特別の通路をつくらせた。おかげで、ロイは舞台で熱演した後、汗で湿った身体を寒風にさらすことなくベッドに入ることができたという。こうして、ロイのパリでのダンサーの生活はひとまず軌道に乗った。

5　ロシアの落とし穴　パリという学校

ロイ・フラーがパリに着いた時、フォリー＝ベルジェールにはすでにロイが発明したサーペンタイン・ダンスを真似て踊るダンサーがいた。ロイはこのモノマネ女を追い出して成功を収めたが、自分のダンスの独創性が脅かされていることに危機感を抱いたようだ。アメリカではダンスの著作権を認めさせるのに失敗したが、フランスに来て改めて法的に自分の権利を守りたいと考えたのだろう。まだフランス語は全然できなかったが相変わらず素早い行動力をみせた。

パリ到着からわずか三カ月後の一八九三年一月、弁護士と相談してパリの関係当局に四件の特許申請をした。一件は舞台衣装に、残りの三件は照明など舞台装置に関するものだった。抽象的なダンスの振付けではなく具体的な事物についての権利を確保するように作戦を変更したらしい。

このうち少なくとも一件、つまり衣装に関する特許権はこの年の四月には認められた。

その衣装は三角形の柔らかい布地をはり合わせて裾は幅広く、上部を狭く縫い合わせた一種のスカートで、頂点は冠状になっていてダンサーの頭部に着けることができる。スカートの内側にはアルミか竹など軽い素材でできた二本の杖が取り付けられていて、この杖を両手で操作し布地の動きをゆったり大きく見せるというものだった。

一八九三年春までに、ロイ・フラーは人気ダンサーとしての地歩を固めた。この当時のロイの出演料はとても高く、週給五百ドルに相当したという。この金額はニューヨークのカジノ劇場に出演し始めた時の十倍にあたり、アメリカの日雇い労働者の一年分の賃金に匹敵した。高給取りのうえ舞台衣装の特許を取得したことなどから、フランス人の間ではロイ・フラーはアメリカ人らしく経済的な才覚もあると考えられていたが、前にも言ったように金銭感覚に乏しいほうだった。そして、晴れやかな春を迎えるはずだったロイを経済的な苦境に立たせる大きな落とし穴が待っていた。この出来事はロイ本人にとって忘れられない重大事で、「回想記」の第七章全部をこの「事件」の思い出にあてている。

ことの発端は、ロイがフォリー＝ベルジェールでデビューして間もない頃だというから一八九二年の秋のことだろう。マルシャン支配人を通じてロシアの興行師から翌年四月、サンクトペテルブルクでの公演を依頼されたロイはその出演契約を結んだ。やがて冬は過ぎて春になり、いよいよロシア行きの列車に乗るはずの当日になって母親のデリラが体の不調を訴えて倒れてしまい、ロイは出発するのを断念した。駅に見送りに行ったマルシャン支配人は、二人が列車に乗らなかったのを知ると急いでロイのアパルトマンに駆けつけ、ひと騒動が持ち上がった。マルシャンもおそらく契約の保証人になっていて契約が破棄されれば損害を被る立場だったのだろう。

翌日から、すったもんだが繰り返され、ロイは出演料の前払いを受けていたことをたてに、力ずくでサンクトペテルブルク行きの列車に押し込まれてしまった。パリを出て四十八時間後、列車がロシア国境に近づいた時、主治医からの母親の危篤を知らせる電報が届いた。驚いたロイは次に停まった名前も知らない小さなロシアの駅に降り立った。まだ真っ暗闇の中だった。

*

今からどうしよう？　何ができるのだろう？　私には何もわかりません。駅舎らしい木造の小屋のドアをたたいてみましたが閉まったままでした。長い間、とても長い間、寒さと苦痛と不安に震えながら、私は暗闇の中で小さな駅の一本しかないプラットホームの上を檻の中のクマのように歩き回りました。やっとのことで闇の中から人影が現れました。彼が手にしている角灯がもやの中に小さな光の輪を描いています。

彼が小屋のドアを開け、私も続いて中に入りました。私は窓口へ行ってベルリンまでの切符がほしいということを駅員にわからせようとしました。私がフランスの紙幣を差しだすと、彼はそれを押し返すのです。ロシアの金しか受け取らないということがわかりました。また、ベルリン行きの列車は三時間か四時間後でないと来ないということもどうにか理解しました。

仕方なく、陽が昇るのを、そして多分私を助けてくれる人が現れるのを待ちました。九時ごろになると、何人かの乗客が集まってきました。その中に伝統的なユダヤ系ポーランド人と思える男の人を見つけました。金貸しに違いありません。長い黒いコートに大きな円い黒帽子かぶり、キリストのようなあごひげをはやしずるそうに微笑んでいます。

私はこの男に近づき、少しは英語が話せるかと尋ねました。一言も通じません。彼の方ではフランス語とドイツ語を試みましたが、私には何を言っているのか理解できません。それでも、ベルリンに行きたいこと、駅の窓口の係員が私のフランス紙幣を受け取らないことを何とか理解させることができました。この千フラン紙幣と少しばかりの小銭が私の全財産です。

私のにわか通訳は、紙幣を素早くつかみ取ると、自分の金でベルリンまでの切符を買ってくれましたが、そのまま千フランを両替えするのだと言って、どこかへ行きました。全財産を渡してしまったのに彼について行くことに思い至りませんでした。このキリストのような顔をした男は泥棒でした。戻って来なかったのです。

（『私の人生の十五年』第七章から）

＊

ロイは、間もなく到着した列車に乗り込んだが、この列車でベルリンに着いてもその先パリまでの旅費がないと思うと、いても立ってもいられない。そこで、なけなしの小銭をはたいて、ベルリン在住の知人に借金を申し込む電報を打った。ワラにもすがる思いだったが、この時期には彼らはベルリンにいないはずで、それを考えると絶望的な気持ちになった。

列車がベルリンに着くと、幸いなことにロイの予想に反して何人かの知人が迎えに来ていてパリまでの旅費を貸してくれた。また、パリに電報を打って母親の容態を聞き合わせてくれていて、その返事では病人は相変わらず生死の境をさまよっているという。ロイはさらに二十四時間、不安な列車の旅を続けなければならなかった。

やっと到着したパリの駅には母親の主治医が待っていた。家へ向かう馬車の中で医師は

「部屋に入ったら、どこにも行かなかったという様子でお母さんに話しかけてください。あなたが近くにいてくれたということがわかれば、きっとよくなりますからね」とアドバイスし、実際、ロイの顔を見た瞬間から快方に向かったという。けれども、この病気はデリラをずいぶん弱らせ、これ以後は完全に快復することはなかった。

この出来事は母親の健康を奪っただけでなくロイに巨額の負債を残した。ロシアの興行師はロイを契約不履行で訴えて違約金の支払いを求めた。「回想記」によれば、この裁判でロイは敗訴したうえに、裁判の決着がつくまで照明器具や衣装が抵当として差し押さえられ、そのために出演契約を結べなかったことで二十五万フランの損害を被ったという。パリでの期待以上の成功の後に待ち受けていたのは大きな落とし穴だった。「楽あれば苦あり」ということわざを身をもって体験したわけだが授業料はあまりに高額だった。

この騒動からしばらくすると、フォリー＝ベルジェールは夏季休暇に入ったが、大きな負債を抱えこんでしまったロイには初めてのパリの夏を楽しむ余裕はない。借金地獄から抜け出すために、あらゆる機会を見つけて少しでも稼がなければならないと考え、まだ劇場が開いていたロンドンに渡った。前回の一八八九年から一八九一年にかけてのロンドン滞在では散々な目にあったロイだったが、今度はサーペンタイン・ダンスという売り物をひっさげていた。パリでの評判がイギリスにも伝わっていて、出演した二つの劇場とも大入りの盛況で三週間で七千五百ドルを稼いだという。しかし、これではまだ満足できない。多くの芸能人が多額の報酬を約束されてアメリカへ行くのを知ったロイは、自分も臨時の劇団をつくってニューヨークで公演をしようと思い立った。

一八九三年八月十日、ロイはニューヨーク港に降り立った。パリの成功はアメリカにも伝わっていて、ニューヨークの新聞には「彼女のセンセーショナルな成功は、若々しく興隆するアメリカの影響がフランス文化に及んだしるしだ」という好意的な論評も載った。しかし、ロイにとって残念だったのは、ロイ・フラーの名前が常に過去のスキャンダル、つまりコロネル・ウイリアム・ヘイズとの結婚とその後の裁判沙汰と結びつけられていたことだった。

この時のアメリカ公演は、ロイ自身がまだ不慣れだったためか、よい興行師に恵まれなかったせいか段取りよく進まず、ニューヨーク到着時には出演する劇場すら決まっていなかった。結局、ガーデン・シアターという劇場で八月十五日から九月三日まで劇団として公演を続けたほか、少しでも多く稼ぐために、個人の立場でブルックリンやハーレムの劇場にも出演してダンスを踊った。ロイは懸命に働き、彼女のダンスそのものは高い評価を得たようだが、劇団の方は団員同士の折り合いが悪く、結局、この時のアメリカ公演では、期待したような利益をあげることはできなかった。

秋になると、ロイはパリに戻っていて、一八九三年十月二十一日付のパリの日刊紙に、その消息が載った。その記事は「有名なサーペンタインのダンサー、ロイ・フラーのフォリー゠ベルジェールへの帰還は大成功だった。劇場側が特別に用意した電気照明を使って彼女が演じた新しいダンスは素晴らしい効果を生んだ。観客のブラボーの声に促され何度も舞台に戻った。昨夜の公演は彼女の輝かしい芸術的経歴の一つに数えられるものだ」と手放しで称賛する内容だった。もっとも、この記事はフィガロ、プチ・パリジャン、プチ・ジュルナルの三紙を見ると、一字一句違わないから、当時のパリの新聞事情はよくわからないが、フォリー゠ベルジェール側が提供したいわゆるプレス・リリースをそのまま掲載したのかもしれない。

いずれにしても、ロイは再びフォリー゠ベルジェールの舞台に立ったわけだが、まだ「ロシアの落とし穴」の違約金の返済は終わっていず、当時としては高給だった出演料は全額差し押さえられていたらしい。ロイは「回想記」の中でも恨みがましく、「私たちは食べ物にも事欠くほどで、もし、マルシャン支配人の奥さんが時々かごに食べ物を入れて届けてくれなかったら、空腹のままで踊るか、来客用に楽屋に置いてあったシャンパンを胃に流し込んで舞台に立つはめになっていたことでしょう」と嘆いている。

ダンサーとしては成功しながら思わぬ出来事に足をすくわれて、二年目のパリでも厳しい生活が続いたわけだが、ロイにとってここはやはり特別の場所だった。「私はアメリカで生まれ、フランスで育った」と言うのを好んだが、それは単なる言葉のあやではなく彼女の実感だったのだろう。雄大で時に荒々しさも見せるアメリカ中西部の大平原の中で幼少期を送り、新興のシカゴ周辺で少女時代を過ごしたロイは、正規の学校教育をほとんど受けなかっただけでなく洗練された西欧文化に触れる機会も持たなかった。それを隠そうともせず、「私はヨーロッパに来るまで美術館に入ったことはありません。アメリカでは美術作品に興味を持つ機会も暇もなく、美術の分野に関する私の知識はお話にならないものでした」と打ち明けている。

従ってロイが美術館や博物館を訪れるようになったのもヨーロッパに渡ってからのことだった。「初めて入った博物館は大英博物館で、次いでやはりロンドンのナショナル・ギャラリー、さらにルーブルを知り、やがてヨーロッパのほとんどの大きな美術館に行きました」と言っている。それも単なる興味本位の見物ではなく、サーペンタイン・ダンスを「発明」し、その改良に全力を尽くす決心をしていたから、美術館でも展示作品だけでなく照明法などもつぶさに観察した。その結果、「どの美術館でも建築家が光と照明についてまったく関心を払っていないことに衝撃を受けた」といい、展示作品に直接、太陽光やランプの光線が当たらないように適切に光を導く必要を説き、美術館の世界で「いつの日か、この照明の問題が広く認識される日が来るのだろうか」と言っているのは、当時としては「先見の明」といえる発言だろう。

また、美術館や博物館だけでなく、長い歴史に裏打ちされた陰影に富む街並みや個々の建築の魅力にも関心を寄せた。そんな環境の中でロイは、常に光と陰影と色彩に気を配る習性を身につけていったらしい。「回想記」には、ノートルダム寺院を訪れ、その内部で光と色についておこなった「実験」の顛末が印象的に語られている。

＊

ノートルダム。フランスが自慢するのも無理もないこの大聖堂が私の芸術的巡礼の本当に最初の場所でした。細い柱を束ねたような大円柱が天井のアーチにまでそびえ立っています。すばらしく広い外陣。内陣の古い木彫りの座席と鉄製の柵。それらすべての調和と壮麗さに私は心を打たれました。しかし、何物よりも私を魅了したのは側面の見事なばら窓で、そして多分、窓自体よりもばら窓の豪華なステンドグラスを通して内部に差し込み濃い色彩を帯びて揺れ動く陽の光でした。

私は今自分がどこにいるかをすっかり忘れていました。ポケットからハンカチ、真っ白なハンカチを取り出して、夜の公演で舞台照明を浴びて衣装を動かすように、

図8　1900年ごろのノートルダム寺院

色とりどりの光の中でそのハンカチを振ってみました。すると突然、大きくて強そうな男の人がやって来ました。首に掛けた銀色の重そうな鎖が厚い胸板の上で揺れています。彼は重々しい足取りで近づくと、私の腕をつかみ、何か言いながら入口の方へ引っ張っていきます。彼の言っていることは私にはただの一言も理解できませんが、どうやら好意は少しも持っていないようです。私を外の道路に放りだすと厳しい目つきで私をにらみつけました。それで、彼の意図は、どんなことがあっても二度と教会には入れないぞ、ということだと理解しました。
一緒にいた母もおびえていました。そこへ一人の紳士がやって来て、私たちが連れ出されたのを見て「何があったのか」と尋ねてくれました。私は、なおも怒った様子で私たちを威圧するように見ている鎖の男を指さし、「彼に聞いてみてください」と言いました。すると紳士は、この寺男の言葉を翻訳して伝えてくれました。それは「あの女に立ち去るように言ってください。彼女は気が違っています」というものでした。

これが、私のノートルダム寺院への初の参拝と、光と色彩に対する私の愛情が呼び起こしたいささか残念な出来事、つまり他人に理解されなかった実験の顛末です。

（『私の人生の十五年』第六章から）

＊

新興のアメリカに対して、ヨーロッパ、特にパリは街そのものが伝統美術品のようで、この街の空気を呼吸するだけでも一種の芸術教育の役割を果たしたと考えられるが、ロイは積極的にこの「パリという学校」で学ぼうとした。向上心の強い彼女は、ミュージック・ホールの芸人以上の舞台芸術家になりたいと切望していて、そのためにダンスの技術の練磨と新しい照明技術の開発に心を砕くだけでなく、舞踊の歴史を研究してダンスの神髄に迫ろうとした。フランス国立図書館で、フランス語の本文はうまく読めなくても豊富なイラストを熱心に観察した。また、ベスビオ火山の噴火で埋没したポンペイに関する英語の本を読み、壁画や器物に描かれた少女ダンサーの姿に見入ったこともあった。研究を重ねるうちにロイは自分の目指すダンスと古代のダンスに多くの共通点があると感じ、自分の使命の一つは、今は忘れられた古代の舞踊の精神をよみがえらせることだと考えるようになった。

6　天文学者　エジソン　清朝の高官

一八九三年秋、フォリー＝ベルジェールでの再デビューを成功させたロイ・フラーは、パリでの生活が落ち着いてくると多くの有名人と知り合いになった。誰とでも打ち解けられる積極性が幸いしたのだろう。その交友関係は幅広く、各界の一流人物も含まれていた。自分の交友リストに著名人を加えたがる「有名人病」とみられることもあり、それを避けようとしたフシもあるが本来の人間好きの方が勝り、まったく畑違いの人たちとも親しくつきあった。よそ目には、ロイが一方的に相手を利用しているように見えることもあったが、多くの場合その関係が長続きしたのだから、やはり彼女の人間的な魅力が相手の心をとらえたのだろう。

言葉もできず知人もいなかった初期には、ロイのパリでの唯一の活動の場はフォリー＝ベルジェールの舞台だったから、最初に知り合ったのは芸能や舞台芸術の関係者だった。その中で真っ先に名前を挙げなければならないのはロジェ・マルクスだろう。この人物は

図9　ロイ・フラーにバラの花を渡すアレクサンドル・デュマ

図10　カミーユ・フラマリオン夫妻

幅広い芸術評論家で同時に政府の美術行政の責任者も長く務めた。無名の若い才能を世に出すのに情熱を注ぎ、西欧の近代美術に日本美術が影響を与えたジャポニスムの普及にも大きな役割を果たしたという。ロイがパリでデビューした当時はまだ三十三歳の若さだったが、すでに劇評家としての地位を確立していて彼の賛辞は彼女の評判を高めるのに大いに役立った。この時ちょうど三十歳で、彼とほぼ同世代のロイは家族ぐるみの交際をした。二人の息子のうちの兄の方がテーブルクロスを衣装の代わりにしてロイ・フラーの真似をして踊ったことがあり、これを聞いたロイが自分の衣装のミニチュア版をプレゼントしたという。

交友の中の毛色の変わったところでは、当時のフランスで有名だったカミーユ・フラマリオンがいる。太陽系を専門とする天文学者で、フランス天文学会の初代会長を務め火星や月のクレーターにその名前を残しているそうだ。一般向けの天文学普及活動にも尽力し、火星人の存在を予言したことで知られている。ロイ・フラーより二十歳も年長の科学界の重鎮だから友人以上の存在だが、ロイとフラマリオン夫妻は親密なつきあいを重ねた。

ロイが、『椿姫』の作者のアレクサンドル・デュマと知り会ったいきさつは前に紹介したが、この大作家と科学界の大物のフラマリオンはいずれも知らぬ者のない有名人だったのに、実は互いには面識がなかった。それが、フランス語もうまく話せないロイ・フラーの仲立ちで初めて知り合ったというのだから面白い。

＊

ある夜、公演の後でフラマリオン夫妻とアレクサンドル・デュマが同時に私の楽屋にやってきました。他にもたくさんの人がいたので、初めは二人が互いに言葉を交わさないことを気にもとめませんでした。やがて、そのことに気づいた私はびっくりして尋ねました。

「パリで最も有名なお二人が知り合いでなかったなんて考えられません」

「そんなに不思議なことでもないでしょう」とデュマが答えました。

「だって、フラマリオンは宇宙で暮らしていて、私はありきたりの地上の住人だからね」

「そうですね。でも、西の方から来たかわいい星が私たちを結びつけてくれました」とフラマリオン。

「それはまったく真実だ」と、デュマは笑いながら言いました。

私も会話に加わり、アメリカの小さな星くずがフランスの二つの明星の架け橋となれて名誉と喜びと誇りを感じます、と言ったものです。


（『私の人生の十五年』第十章から）

＊

ロイが天文学者のカミーユ・フラマリオンと親交を重ねた理由の一つは、彼の研究分野がとても幅広く、色彩の研究にも手を染めていると知って、光と色の舞台効果に強い関心を抱いていたロイの好奇心をそそったからだった。フラマリオンが「色彩が生物に与える影響」について研究していることを知ったロイは大いに心をときめかしたといい、彼の実験について「回想記」で詳細に紹介している。

その実験は、同じサイズのゼラニウムの鉢を色の違うガラス温室の中で育ててみることから始まり人体にも及んでいた。そして「黄色の光は無気力を誘い、藤色は眠気を催させる」などの影響がわかったという。こんな実験の結果を踏まえ、小学校にもまともに通わなかったダンサーと、科学界の大家の間で、次のような問答が交わされた。

「私たちを取り巻いている色彩が人間の性格に何らかの作用をすると思いますか？」

「議論の余地はないでしょう。誰でも自分が身に着けるのに、ある色を他の色よりも好みます。だから、みんなが『この色は好き、あの色は嫌い』と言うのです。また、ある色が『よく似合う』とか『似合わない』とか言いますね。このことは、色彩が精神や肉体に、おそらく両方に影響を及ぼしている証拠だと思いますよ」

フラマリオンとの交際がよほど楽しかったのか、「回想記」には、ほかにも彼にまつわる奇抜な逸話がいくつか紹介されている。共通するのは、偉い科学者との関係を自慢するというよりも、彼の変人ぶりや自分の失敗を笑い飛ばしている趣があることだ。

そんなエピソードの一つは「ある晩、八時ごろに帰宅すると家の中が人でいっぱいでした。実はこの夜、四十人ほどを自宅のディナーに招待していたのですが、私はそのことをすっかり忘れていたのです」という意表を突く書き出しで始まる。

話を整理すると、ロイはある日、フラマリオン夫妻を主賓とする自宅でのディナーを計画した。腕のいいシェフを雇っていて料理に心配はなかったが、多人数の客をもてなすためのテーブル、椅子や食器は備えていないのでレンタル業者に借用を依頼していた。当日の夕方、業者がテーブルや食器を運び込んで来たまではよかったが、肝心のロイはディナーのことを忘れてしまって帰ってこない。シェフはレンタル料金を支払うだけの現金を持ち合わせていず、結局、業者はテーブルも椅子も食器も全部持ち帰ってしまった。

*

どうしたらいいのかと困っていたシェフの頭に突然、すばらしいインスピレーションがわきました。彼が隣近所を訪ねてこの「事件」について話して回ったところ、みんながテーブルや椅子、皿、グラスなどを大急ぎで貸してくれたのです。形も色も材質もばらばらです。隣人たちがこれらの机や椅子を運び込んでいる、ちょうどその時に私は家に帰ったのです。

招待客はもう集まっていたので、みんなで食卓の準備にとりかかりました。私はこんなに楽しいディナーに出席した覚えはありません。テーブルは背が高かったり低かったり、さまざまな形の椅子がちぐはぐさ加減を際立てました。ナイフやグラスは数が足りません。でも私のシェフはすばらしいご馳走で奇跡を起こし、ディナーの準備が完全無欠でなかったことなど忘れさせてくれました。

（『私の人生の十五年』第十章から）

＊

ロイ・フラーがミュージック・ホールの芸人以上の存在、単なるダンサーをこえた舞台芸術家を目指したことは前に書いた。一八九四年から翌年にかけてロイがそのために力を注いだのは、新約聖書に見える女性サロメを題材にして独自の舞踊劇を完成することだった。

サロメは母に促され、自らの踊りの褒賞として継父であるユダヤ王ヘロデに洗礼者ヨハネの首を求めこれを殺させたという。西欧では古くから文学や美術、演劇のテーマにされていて、特にイギリスの作家オスカー・ワイルドが一八九三年にフランス語で刊行した戯曲が知られている。ロイはこのワイルドとは別のサロメを目指し、ある劇作家に台本を依頼してサロメを官能的でも残虐でもない清らかな霊的な存在として描いた。ロイはこの劇のために、振付けも照明法もまったく新しい五つのダンスを考案し、伴奏音楽の作曲にはまだ若いオルガン奏者を起用した。

ロイ・フラーの『サロメ』は一八九五年三月四日、パリのコメディー・パリジェンヌという小さな劇場で初演された。劇評家でもあるロジェ・マルクスは例によって情熱的な賛辞を寄せ、「彼女の女優としての経歴を知らない観客に、誰にも劣らない役者であることを示した」と書いてくれたが、批評家の中には「彼女はまったく適性に欠けている」という酷評もあった。事実、小太りの体型のロイが舞台と観客席の近い小劇場で、すらりとした美女のイメージが定着しているサロメを演じるのは無理があったようだ。

舞踊劇としてのロイの『サロメ』は、専門の劇評家の間では好不評半ばしたが興行的には失敗だった。それでも、劇中に組み込まれたダンスは高く評価され、特に「火のダンス」に大きな拍手が送られたのがせめてもの慰めだった。また、舞台照明は観客の目を驚かせ、照明デザイナー、舞台美術家としてのロイの力量を見せつけた。

もともと、ダンスの動きと照明、その光の色との組み合わせに細心の注意を払っていたロイは、照明器具にも心を配って改良を重ねていた。昔からあるフットライトはもちろん、照明係が手で持つ移動可能なランプも考案した。時には舞台に敷いたガラスの床の下、あるいは天井裏からも照明をあてた。そのランプの数は十個、十六個、二十個と増え、『サロメ』公演では三十四個に達し、それを自在に扱うには照明技師の練達の技が要求された。

ロイはコメディー・パリジェンヌで『サロメ』の公演を約二カ月続けた後、苦労して仕上げたこの演目を「眼玉」にしてイギリス、アメリカをはじめ各地への巡業を打とうと考えていた。しかし、パリで興行的には失敗した事実を受け入れ、この劇を全体を通して上演することはあきらめ、その中のダンスだけを舞台にかけることにした。そして、パリの観客に『サロメ』のロイ・フラーを忘れてもらうために、しばらく時間をあけるのがよいと判断し、イギリスでいくつかの公演をした後でアメリカに渡り、一八九六年二月、ニューヨークに着いた。

前回、一八九三年のアメリカ公演の失敗にこりたのか、今度は事前に照明係と電気技師を送り込んでブロードウェーの劇場で舞台装置の準備をさせた。また、新聞紙上にも公演予定が掲載されるように働きかけて前景気をあおった。周到な準備が功を奏したのか、ニューヨークでの四週間の公演中には舞台上に大量の花束が投げ込まれるほどの成功を収めた。さらに、フィラデルフィア、ボストン、サンフランシスコ、シカゴと巡業は続き、この時のロイの出演料は破格の高額だったと言われる。しかし、「好事魔多し」という言葉があるように、この巡業で疲労困憊したロイは体調をひどく損ない、九月ごろまで数カ月間にわたってアメリカ国内のどこかの施設で療養生活を送ったらしいのだが詳しいことはわかっていない。

このように多事多端だったアメリカ巡業の間には貴重な出会いもあった。その一つは、常に舞台照明の改善に心を配っていたロイが、すでに発明家として名声を得ていた四十九歳のトーマス・エジソンとニューヨークで会ったことだ。白熱電球を発明し、光の専門家でもあるエジソンはかねてからロイのダンスを高く評価していて、すでにロイ・フラー本人ではないけれど、別のダンサーによるサーペンタイン・ダンスをフィルムに撮影していた。

エジソンと面会したロイは、強い関心を持っている光線についての質問を次々と投げかけた。燐光を発する物質、白熱光の特性、放射線、光の屈折率などだった。エジソンは、実際にごく少量の燐光を放つ物質を衣装に着けてみて、それだけが暗闇の中で光り衣装は消え失せたように見える現象をロイに見せた。さらに、光そのものは人間の目には見えず、何かに当たった時に初めて感知できるという原理をロイに説明した。この原理を利用して巧妙に照明を当てれば、舞台上のダンサーが自ら光っているように観客に感じさせることができる。エジソンの説明はロイに深い感銘を与え、科学技術に対する敬意とそれを舞台上で応用してみたいという意欲をかきたてた。

ところで、当時の西欧社会で有名になっていたロイ・フラーの舞台は、単にダンスや演劇が好きなマニアだけでなく一般庶民や上流階級の人々、さらにはこの当時まだ現実に存在した王侯貴族にとっても興味を引くものだった。だから、世界中からパリやニューヨークを訪れた重要人物が、時には公然とあるいはお忍びでロイのダンスを鑑賞していた。その中には中国・清朝末期の大政治家で東洋のビスマルクと呼ばれた李鴻章もいて、一八九六年のアメリカ巡業中にニューヨークでロイの舞台を見たらしい。

李鴻章は一八二三年二月の生まれだから、すでに七十三歳の高齢だった。ロシア皇帝ニコライ二世の戴冠式に出席するために三月、上海を出帆した。自分の年齢を考え万一に備えて棺を同行させたという。一カ月半ほどロシアに滞在した後、西欧諸国を経てアメリカに渡り最後はカナダのバンクーバーから太平洋を横断して十月に天津に帰った。この李鴻章にまつわるエピソードがロイの「回想記」にでている。

それによると、ある夜、李鴻章の随員たちがロイをニューヨークの劇場の楽屋に訪ねて来て、清朝の高官と面談した彼女は「好奇心を大いに満足させることができた」と、喜んだ。そして彼らが中国に帰る時、ロイは自分のマネジャーを同行させた。中国に行って、西欧でも有名だった西太后や光緒帝の前で自分のダンスを踊ってみたいと希望したからだ。中国に着いたマネジャーはやがて、「すべてうまくいった。バンクーバーから一番早く出帆する船に乗るように」と電報を打ってきた。そこで、ロイが鉄道でアメリカ大陸を横断し、いよいよ中国行きの船に乗ろうとしたとき一緒に旅をするはずの母親のデリラが体調を崩した。ひどく衰弱した母親を見てロイは「約束を果たすのが不可能になった」と電報で知らせたという。

マネジャーは李鴻章がロイに贈ってくれた立派な中国刺繍を土産に帰ってきた。彼の話では、北京ではロイを迎えるための盛大なレセプションや御前公演の手はずがすっかり整えられていた。さらに、日本に立ち寄ってミカドに謁見し最も優れた俳優の団十郎が出ている劇場に出演する計画さえあったという。ロイはこの極東への旅が実現できなかったことを残念に思ったけれども、間もなく思い出すこともなくなった。

＊

それからずっと後のことです。ある日ロンドンで、私の友人の一人がディナーの席で中国の身分の高い役人と隣り合わせになりました。中国式の正装の華やかな色彩を目にして、話題は私の色鮮やかな衣装にと移っていったそうです。私の友人はこの隣席の客に尋ねてみました。

「もしやロイ・フラーをご存じではないでしょうね？」

「知っていますよ。言わせてもらえば、彼女のことは知り過ぎるほど知っています」

「それは、どういうことですか？」

「私は李鴻章閣下に従ってアメリカに行きました。帰国の際、ロイ・フラーのマネジャーがついてきました。閣下の影響力のおかげでロイ・フラーを西太后にお目見えさせる手はずがうまく整いました。ところが、彼女はいよいよ北京に向かう段になって約束を破ったのです。そして、ロイ・フラーがご命令に背いたことを、太后陛下に報告する役目を果たしたのが私だったのです。陛下は私を降格させました。今から八年前のことです。私は高い身分の象徴である黄衣を失い、ごく最近になってやっと復権したのです」

友人は、私が大帝国へ発てなかった時の私の母の健康状態と、その病がひどく重かったことを説明して私の立場を弁護してくれたそうです。

しかし、私はこの高官に対して私の過ちを忘れるように求めることはできません。もし、私の行けなかったことがこんなに重大な結果を招くことを知っていたなら、私はマネジャーにではなく、西太后その人に長い電報を打って、私が約束を守れなかった理由を伝えたことでしょう。たとえ太后陛下であっても心ある女性ならば、母親に対する義務を尽くしたことで、その娘を非難することはできないはずです。

（『私の人生の十五年』第十五章から）

＊

ロイ・フラーは一八九七年秋にはパリに戻り、再びフォリー＝ベルジェールに出演した。結果は好評だった。フランスの観客はいつでも、アメリカ人よりもロイのパフォーマンスを真面目に鑑賞してくれるように感じられた。二年半前の『サロメ』の公演では、ロイを「汗をかいて腕を振り回す洗濯女のようだ」と酷評した批評家さえ今度は称賛してくれた。

ところで、以前にロイとともにフォリー＝ベルジェールの舞台に立った芸人たちが、すっかり姿を消していたことに驚かされたという。ロイが舞台の第一線で生き続けられたのは自分のダンスとその舞台効果、特に照明について常に改善を怠らなかったからだろう。

やり手のマルシャン支配人は、この頃にはフォリー＝ベルジェールの他に二つの劇場を経営するようになっていたが、ロイ・フラー以上に客を呼べる芸人は見当たらずロイの立場は強かった。一八九八年の舞台では、マルシャン支配人に十二人の電気技師を要求したところ彼の方が気をきかして十八人も用意したという。一般的な評価もしだいに高くなり単なる芸人以上の芸術家として扱われるようになっていた。

この当時、ロイと母親が住んでいた家は鉄道線路に近く、その騒音が特に病弱な母親のデリラを悩ませていたことから、二人は一八九九年春、パリ十六区のパッシー地区に引っ越した。新しい家は二人には十分すぎるほど部屋数も多く、高い塀に囲まれた広い庭がついていた。この地区は当時もパリでは指折りの高級住宅街だったから家賃もずいぶん高かったはずでロイが経済的に恵まれていたことがうかがえる。

ロイは新居祝いのパーティーを開き約百人を招待した。ほとんどがパリの著名人だが、活動する分野が違っていてこの場で初めて出会う人たちもいた。以前に天文学者のカミーユ・フラマリオンと作家のアレクサンドル・デュマがロイの仲立ちで知り合ったことに触れたが、この場でも互いに名声は知りながら初対面のフランス人同士を彼女が引き合わせる役割を果たした。招待客の一人はこの日のパーティーについて、「初めは少しもったいぶっていた人たちも、ロイ・フラーがホステスだったので、いつまでもよそよそしくしてはいられなかった」と言っている。ディナーが終わると、打ち解けた招待客たちは提灯を飾った庭に出て歓談を続けた。身体が弱っていた母親のデリラはディナーには出席せず二階の自分の部屋で人々のウキウキした声音を楽しんだ。

7　万国博覧会　音二郎・貞奴

一九〇〇年。十九世紀最後の年は三十八歳になったロイ・フラーにとっても人生の大きな節目になった。この年のパリを彩ったのは空前の規模で開かれた万国博覧会だった。会場は市街地西部のエッフェル塔下のシャン・ド・マルス地区を中心としてセーヌ川両岸に広がり、美術展会場として建てられたグラン・パレ、プチ・パレの二大建築物と豪華なアレクサンドル三世橋は百年以上経過した今もパリの代表的な都市景観をなしている。

パリでは、一八五五年以来ほぼ十一年ごとに万国博覧会が開かれてきた。五回目のこの万国博は、産業革命に続き経済活動が急速に発達した十九世紀を締めくくり、二十世紀の開幕を告げる号砲の役割を果たした。また、戦争に明け暮れてきたヨーロッパで、普仏戦争以来ほぼ三十年間、少なくとも域内では大きな戦乱がなく、平和が謳歌されて後の世の人々からベル・エポック（美しき時代）と懐かしがられる時期を象徴する祭典でもあった。

前回、一八八九年のパリ万国博はエッフェル塔を遺したが参加したのは二十九カ国にすぎなかった。これに対し一九〇〇年万国博には、長く続いた平和を反映して四十カ国が参加した。列強各国の植民地や保護領も多く出展したから、参加国・地域の人口を合算すると当時の世界人口約十五億人の九割に達したといい、文字通りの「万国」博覧会となった。

四月十四日に開会式をして翌十五日から一般公開された。十一月十二日までの会期中の総入場者数は五千八十六万人。この記録は二度の大戦を経て七十年後の日本万国博覧会（大阪万博）の六千四百二十二万人によって塗り替えられるまで破られることのない空前の大記録だった。

万国博の説明がいささか長くなったが、実はロイ・フラーはこの一大イベントの会場内に自分の名前を冠した劇場を開いていた。帝国主義華やかな時代で、列強各国が国威を競うように豪華なパビリオンを開設した中で、たとえ小規模のものでも、名だたる芸術家をさしおいてアメリカ人女性ダンサーが個人で劇場を開いたことはまったくの異例で、彼女の勇気と実行力を見せつけた。ロイの親しい友人の著名な芸術評論家で、行政官として万国博の組織にも関与していたロジェ・マルクスが出展を勧めたと考えられる。

ロイ・フラー劇場があったのはアルマ橋より少し上流のセーヌ川右岸沿いに万国博期間中だけに開設されたパリ通りに面していた。その建築設計は、国立高等美術学校の学生で二十七歳になったばかりの青年が担当した。博覧会のパビリオンは臨時の建築物で、結局

図11　パリ万国博会場内のロイ・フラー劇場

は取り壊すことになるのだが、理想に燃える若い建築家と自分を貫きたがるロイとの意見調整に手間取ったことなどで開設は大幅に遅れた。実はこの万国博では、全体に建物の建築や展示の準備が遅れて開会式に間に合わなかったパビリオンは少なくなかったが、ロイ・フラー劇場に至っては、その開会式の前日に基礎工事がやっと始まったところだった。これを見た人たちは「ひどい話だ。どんなに急いでも九月になるね」と噂したが、そう言ったのはロイ・フラーのエネルギーを知らない人たちだった。自ら工事現場に立ち、建築家、塗装職人、電気技師、内装職人の役目を務めながら配下の職人たちを督励し、普通六カ月かかると思われた作業を六週間でやり遂げた。

　完成したロイ・フラー劇場は、客席が二百席だけの小さな風変わりな建物だった。前面の壁は彼女のたっぷりした舞台衣装を思わせる波打った模様を描き出していて、正面屋上のロイの等身大の像が飛び立とうとする鳥のように見えた。夜には外壁を下方からライトアップし、さらに内部のステンドグラスを昼間は太陽光で、夜間は電気照明を使って浮かび上がらせたのは、ダンサーとして多彩な照明で人気を博したロイ・フラーならではの工夫だった。また、劇場内にはギャラリーがあり、小さな彫像、絵画、スケッチなどを販売して万国博見物の土産品として重宝されたらしい。このあたりは、ロイもなかなか抜け目がなかったことになる。

このロイ・フラー劇場の近くには主催者が開設したダンス館があり、ここでは参加各国の踊り子チームが珍しい民族ダンスを次々に上演して人気があったが、このダンス館の屋根の上にもロイ・フラーの像が立っていた。このことは当時のパリではロイ・フラーが「ダンス」の象徴とみなされていたことを示している。

一九〇〇年はまた、十九世紀末から二十世紀初頭に開花した国際的な美術運動「アール・ヌーボー」の絶頂期でもあった。その特徴は植物の枝やつるのような曲線の多用であり、工芸品やグラフィック・アートなどに盛んに使われたが、工業の進歩で鉄とガラスという新素材の利用が可能になるとそのデザインが建築にも及んだ。流行の最先端を演出する万国博会場の建物や出品作品にアール・ヌーボーの影響を受けたものが多かったのは当然としても、この流行はパリの街にも及んで、この年の七月に万国博に合わせて開通した地下鉄の入り口門には建築家エクトール・ギマールによるつる草を這わせたような独特のデザインが採用された。

そんな時代の流れの中で、舞台上のロイ・フラーが長いたっぷりした衣装を波打つように、あるいは渦巻くように操って描き出すシルエットはアール・ヌーボーの自由な曲線そのものだと評判になった。また、一八九二年のパリでのデビューがこの新しい芸術運動の出現と重なったことで、彼女はこの運動のシンボルとみなされて「アール・ヌーボーの化身」とさえ呼ばれた。その舞い姿は新しい芸術運動を信奉する多くの芸術家の創作意欲をさそい、国籍が十カ国に及ぶ七十人以上のアーティストが油彩画、水彩画、版画、ブロンズ像、金銀細工の装飾品などとしてロイ・フラーの姿を再現した。当時、「史上、これほど多くの芸術家に肖像を描かれた女性はいない」とさえ言われた。

芸術運動としてはアール・ヌーボーが一世を風靡していたが、産業界ではこれから始まる二十世紀は「電気の世紀」だと予言されていた。この万国博でも花形とされた機械館、電気館には欧米列強が最新の電気関係の機械装置を競って出品し日本政府の万国博報告書も「電気に関する出品の盛大を極めたるは実に当博覧会の特色なりとす」と述べている。しかも、電気の時代の到来を示したのは発電機や無線通信機などの展示物だけでなく会場の光景そのものだった。エッフェル塔と向き合っていた電気館とその前面の水城宮は最新の電気照明を使って高さ三十メートルに噴き上がり滝のように流れ落ちる噴水が五色に照明された。また、会場全体が白熱灯やアーク灯で照らされエッフェル塔からはサーチライトも照射された。

こんな光景と重なるように、ゆったりした衣装を電気照明でさまざまな色彩に染めたロイ・フラーの舞台はこの万国博にぴったりの出し物だった。それだけに一般の見物客ばかりでなく世界各地から来た芸術家の関心を集め、ロイ・フラーの名前を広めるのに役立った。

しかし、貪欲なロイは自分のダンスと並んでもう一つの「目玉商品」となる出し物を得たいと考えた。そして、舞台に立たせたのが貞奴を看板女優とする川上音二郎一座だった。欧米で十九世紀後半に起こった日本美術ブーム「ジャポニスム」の影響を受けたのか、「日本のものには何でも関心がある」と言っていたロイは、興行成績を考えただけでなく、日本の演劇を世に広めたいと考えたのかもしれない。

一九〇〇年春、ロイ・フラー劇場の準備で超多忙だったはずのロイ本人がロンドンで巡業していた川上音二郎を訪ねて自分の劇場に出演するように説得したらしい。音二郎の自伝によると、彼が承諾した一つの理由は「其の相手が通り一遍の興行人で無いから面白い。ソシテ其の名優が自分で遣って来たから益々面白い」(『自伝　音二郎・貞奴』)ということだった。

川上一座は六月二十九日にパリに着くと準備もそこそこに七月四日からロイ・フラー劇

図 12　川上音二郎と貞奴

場に出演した。主な出し物は『芸者と武士』と『遠藤武者』の二本で、初めのうちは昼夜二回の興行だったが、しだいに人気が上がって三回、四回と上演回数を増やしたらしい。盛況のおかげでロイは入場料を値上げすることができたという。評判はさらに高くなり八月には大統領官邸エリゼ宮で開かれた万国博賞牌授与式の園遊会にも出演している。

　川上一座の演目はいずれも日本語で上演されたから、観客にはセリフはまったくわからなかったはずだが、大して支障はなかったらしい。本番での公演に先立って、川上一座がパリの日本公使館の夜会で演じた『芸者と武士』について、日刊紙フィガロは「この出し物はすべての役者によって見事に演じられ、日本語を一言も知らないほとんどの観客にも容易に理解された。また、その衣装は本当に目を楽しませるものだった」と報告している。筋の運びが単純で役者の表情やしぐさだけで登場人物とその場面の意味を伝えることができたのかもしれない。そうすると、日本の芝居は西欧の演劇ほど深い内容を持たない、ということになりそうだが、そこには西欧の演劇と日本の芝居の表現方法に本質的な違いがあるとも言える。そんなことを思わせる小さなエピソードが残されている。

当時、世界で最も有名な女優とされたサラ・ベルナールは、前年から万国博会場にも近いセーヌ川右岸に自分の名を冠したサラ・ベルナール劇場を持っていて、万国博会期中の一九〇〇年三月から十月まで、ナポレオン一世の息子をモデルにした『鷲の子』という演目をかけていた。サラは、万国博で大きな話題となったロイ・フラー劇場での川上一座の芝居を見たが、「貞奴に学ぶべきことは何もない」と言い放ったと伝えられている。一方の貞奴は「世界最高の女優」に関心がありそうだったので、ロイ・フラーがサラ・ベルナール劇場に連れて行った。貞奴は独特の冷静な様子で見終え、ロイが感想を聞くと、「ヨーロッパの芝居はたくさんのセリフで演じるのですね。日本の芝居はたくさんの所作で演じるのです」とだけ答えたという。貞奴の演技は、セリフの言葉がまったく通じないのだから自然、所作と表情に頼らざるを得なかったという事情はあるにしても、天才的な演技者だった貞奴は、あるいは西欧と日本の演劇の表現方法の違いを一目で見抜いていたのかもしれない。

それにしても、川上一座が大きな成功を収めた理由の一つは、当時のヨーロッパから隔絶した極東の異文化が珍しかったせいだろう。特に観客をひきつけたのは「ハラキリ」として知られた切腹の場面だった。川上音二郎の「自伝」によると、特に切腹に執着したのが劇場主のロイ・フラーだった。しかし、男たちの「切腹」以上に人気をさらったのは、貞奴が『芸者と武士』の最後に短刀で自ら喉を突いて果てる場面で、しだいに青ざめた貞奴が息をひきとる姿は観客に衝撃を与えた。

日本であれば、伝統的な歌舞伎と比べて一段下に見られがちな川上一座の舞台だったが、パリでは演劇として真面目に評価され、当時のパリの新聞や雑誌には一流の劇評家や文化人の論評や感想が、文字通り枚挙にいとまないほど掲載された。その中には彫刻家のオーギュスト・ロダン、後に『狭き門』を書くことになる小説家アンドレ・ジッドの名前も見える。貞奴はすでにアメリカやイギリスで成功していたが、当時のヨーロッパで圧倒的な人気を誇ったきっかけは、やはりパリ万国博に姿を見せたことで、ロイ・フラーが大きな役割を果たしたことは否定できない。

川上一座は、ロイとの間で出演料を巡るゴタゴタもあったらしいが、結局、十一月の万国博終盤までロイ・フラー劇場に出演し続けた。それだけでなく、一座は一九〇一年一月にいったん日本に帰ったが、「貞奴の人気は続く」と見込んだロイ・フラーとの約束で同年四月、再び渡欧して六月のロンドンを皮切りに一年以上かけてドイツ、ロシア、イタリア、スペインなどを回ることになる。つまり、川上音二郎、貞奴をはじめ一座の者は一時期、ロイ・フラーと寝食を共にしたわけで、単に彼女の舞台を見た評論家や観客や並の友人たちよりも濃密な交わりをしたことになる。日本人の音二郎がロイ・フラーをどのように見ていたか、興味深い証言を、ちょっと長いが引用してみよう。

「此のロイ・フーラーというのは、現今仏蘭西に第一等の勢力を持って居る女俳優で、巴里の真ん中に、ロイ・フーラー座という広大な劇場を自分一人で持って居る。年はモウ六十に近いお婆アさんですが、其の若いこと、美しいこと、まだ四十余りとしか見られないスバラシイ美人であるが、いまだに亭主を持っていない。十八番の芸もいろいろある中に、電気踊り、すなわち電気の光を借りて種々不可思議の踊りを演る。とりわけ得意として居る、希臘古代の神々の歩き方などその変幻巧妙なことは、類を世界に真似手の無い芸で、フーラーの電気踊りといえば、大陸いたる処、三尺の子供も知らぬものは無い有名な女優であるから、演芸技術家を尊敬する神の如しというべき。仏蘭西の政府にも非常の勢力があって、梨園界の事はフーラーの挙手投足で、どうにでもなる。ことに今の大統領ルーペー氏とは最も親友の間柄であるのです」(『自伝　音二郎・貞奴』)

音二郎が最初に出会った時にはまだ三十八歳だったロイを「六十に近い」とはどこから生じた誤解か、ちょっと信じられないし、エミール・ルーベ大統領の親友というのも買いかぶりで全体に話を大げさにしすぎているが、当時のヨーロッパでロイ・フラーの存在がいかに大きかったかは理解できる。

一年近くも行動を共にしただけに川上音二郎・貞奴夫婦とロイ・フラーの間には、複雑な感情があったようだ。音二郎は「自伝」の中でロイ・フラーについて「フーラーのお婆さん、儲けることに抜け目はないから、我々を使うのがなかなかうまい」と言ってみたり、「お婆アさんと喧嘩をしたのはこの時ばかりではない。何べんやったかも知れぬのです」と言ったりしている。これに対し、「回想記」にあるロイ・フラーの言い分も具体的で興味深い。

＊

私は、日本から来たものにはいつでも大変興味がありました。ですから、私がどんなに喜んで貞奴と交わったか想像できるでしょう。また、彼女が一座を率いてヨーロッパに来る計画を立てた時、私が躊躇せずにその公演の金銭上の責任を引き受けたことも考えてみてください。

貞奴は三十人の座員を連れてきました。その三十人は他の国の九十人以上の経費がかかったのです。と言いますのは、彼らが寛げるように通常私がしなければならないことの他に、列車で移動する場合には客車とは別に貨車を増結するために、走り回って許可を得なければなりませんでした。その貨車には特別の物資を満載しました。日本の菓子、米、塩漬けの魚、キノコ、カブの漬物などで、貞奴をはじめ三十人の日本人の食糧になるのです。たった一シーズンだけで、私は鉄道会社に三十七万五千フランの貨物運賃を支払いました。それでも、彼らを日本に送り返すことにした場合に、リスボンからサンクトペテルブルグまでの各地の劇場に支払わなければならない違約金の合計に比べればまだ安かったのです。

(『私の人生の十五年』第十八章から)

＊

この回想も少しオーバーのようにも思えるが、塩漬けの魚やカブの漬物を貨車で運んだというくだりは、貞奴が「私のお香の物好きときたら大変な騒ぎで、公使館から頂戴しました味噌漬けの粕や粕漬けの粕ばかりためておきまして、それで糠味噌をこしらえましたのです。西洋でも瓜や茄子の類は沢山ありますからどっさり漬けまして、旅行するときにはこれを一番大事にして持ってあるきました」という思い出話と符合する。

音二郎は「自伝」の中で、ただっ子のようにロイ・フラーについて悪態を並べているが、ロイの方は自分より二歳年下で向こう気が強く、日本人離れしている音二郎の性格を面白がっているようだ。「回想記」の第十九章は「サルドゥと川上音二郎」というタイトルで、まるまる音二郎の思い出話にあてている。このビクトリアン・サルドゥという人物は著名な劇作家で一九〇〇年当時六十九歳の大家だった。

その思い出話は、友人の劇作家から「貞奴のやっている芝居の作者は誰ですか?」と尋ねられたことから始まる。「彼女の夫川上音二郎ですよ」と答えると、音二郎をパリの作家協会の会員に推挙しようということになった。話はうまく進んで入会の段取りが整い、約束の日にロイが音二郎を連れて行くと協会の委員が全員顔をそろえ大きなテーブルを囲んで二人を待っていたという。

司会のサルドゥは心のこもったスピーチで音二郎を歓迎した。その内容は、川上はフランスと日本の文芸の絆を最初に結び、遠い祖国から日本語を理解できる者のいないこのパリまで一座を率いてきた偉大な指導者だとたたえた。そして、川上をほめちぎったうえで「彼は大切な同業の仲間」だと言ってスピーチを締めくくった。

＊

座は静まり、みんなが川上の返礼の言葉を待っているのです。ところが当の本人は、今終わったばかりのスピーチに対して自分が何かすべきだとは少しも気づいていない様子でした。彼は平然と座ったままで、車座の人たちの顔を眺めまわしています。

私は急いで何とかしなければならないと感じました。誰かが何かしなければならないのですが、この際は、私がするしかないようです。私は川上の方を向いて、ささやきました「わかりましたか？」

彼は首を振って答えました。

「いいや」

それに対しサルドゥさんが言いました。

「フラーさん。私が言ったことを通訳してください」

通訳、通訳する……。言うのは簡単ですが……。それでも、結局は私がやらなければないことですから頭をしぼって英語で、実は彼は英語も理解できないのですが、手短に説明しました。つまり、サルドゥさんのスピーチは間違いなく日本人の劇作家である「あなた」向けたもので、「あなたが日本の一座を引き連れてパリに来たことをフランス人たちは大変感謝していて作家協会は喜んであなたを会員に迎え入れる」と言ったのだと伝えました。言葉を補うために、こんな場面では必要不可欠なジェスチュアも使いました。私の通訳でサルドゥさんのスピーチの内容が川上に伝わったと一座の人たちが信じたかどうかは問題ではありません。そして、今度は川上が何か日本語であいさつする番になりました。

川上はすぐに立ち上がってスピーチを始めました。弁士の生真面目な様子やその長さから判断すると、それは念の入った大演説だったに違いありません。川上は政界の偉大な雄弁家ですから、こんなスピーチなんてお手の物だったのでしょう。彼がスピーチを終え再び席に着いた時には、委員たちはみんな感嘆しあっけにとられて彼を見つめました。けれども、彼がたった今話したことについて、一言でも理解した人は誰もいなかったのです。もちろん私にも何もわかりません。

二度目の静けさ、前のより間の悪い静寂をサルドゥさんが破って私にこう尋ねました。

「フラーさん。彼は何と言ったのですか？」

何という愚問でしょう。作家協会の先生たちに比べて私の方が日本語をよく理解できるという理由はまったくないからです。でも、事ここに至ったについては、私にも若干の責任があると感じていたので、彼らを失望させないように私は勇気を振り絞って立ち上がりスピーチを始めました。私をよく知っている人ならこのスピーチが川上の演説に似ていたことを想像できると思います。つまり、私はフランス語で話したのですが、私のフランス語は川上の日本語と同じく理解するのが難しいのです。それでも、《日本人、感謝、誇り》などの言葉を何とか絞り出すことができ、二つの国の演劇界の絆を確かにした川上の喜びを描写しました。私のスピーチは、サルドゥさんが言ったこととおぼろげながら理解した川上の意向の下手な焼き直しにすぎませんでした。そして、川上の言ったことを私の身に置き換え、ひどく誇張し真面目くさった大げさな言葉づかいでなんとか最後までこぎつけました。私は席に着く前に改めてはっきりと言いました。

「みなさん、川上の発言は以上の通りです」

私の、思わぬ通訳の役割は終わりました。嵐のように称賛の言葉が飛び交い、一座の雰囲気は一気になごみました。

（『私の人生の十五年』第十九章から）

＊

川上についての思い出話はさらに続き、西欧人に対する劣等感などみじんも感じさせない音二郎の自由気ままな振る舞いに手を焼きながらも親しみを感じているフシさえ見られる。ロイは「回想記」のこの項の最後で、帰国後の音二郎が芝居の幕間の時間を短縮するなど日本演劇の近代化に大きな貢献をしたと指摘している。また、川上一座が一九〇六年（明治三十九年）、東京・明治座でサルドゥ原作の『祖国』を上演したことにも触れて、「この会合の成果の一つは、後に川上が母国の日本でサルドゥ作の『祖国』を上演し、彼がかねて演じて人気を得たシェークスピアの諸作品に匹敵する成功を収めたことです」と書いている。

8　イサドラ・ダンカン　マリー王太子妃

一九〇〇年パリ万国博覧会のロイ・フラー劇場には、著名人から庶民まで幅広い層の人々が詰めかけたが、その中には後にモダン・ダンスの先駆者としてロイ・フラーと並び称せられることになるアメリカ人女性のイサドラ・ダンカンもいた。

イサドラは一八七七年五月の生まれだから、ロイ・フラーより十五歳年下で万国博の開幕時にはまだ二十二歳だった。一八九九年、ロンドンを経由してパリに来てルーブル美術館、国立図書館、オペラ座図書室などを訪ね歩き、古代ギリシャ芸術などを研究していた。万国博の展示物にはそれほど感銘を受けなかったがロイ・フラー劇場で貞奴の演技を目にすると、その不思議な魅力にとりつかれ何日も劇場に通ったという。

しかし、二人のアメリカ人ダンサーはこの万国博開催中に出会うことはなかった。二人が対面したのは万国博が終わってほぼ一年後、ロイが川上音二郎一座と一緒にベルリンから東欧方面への巡業に出かける直前の一九〇一年十二月のことだった。その仲を取り持っ

図13　イサドラ・ダンカン

たのは先に触れたことのあるアメリカ出身のオペラ歌手エンマ・ネバダだった。ある晩、ネバダがロイ・フラーをイサドラのアパートに連れて行くと、イサドラはダンスを踊って見せ自分のダンス理論を説明した。ロイはこの後輩ダンサーが一目で気に入り、その時の感激を次のように語っている。

「ダンサーはその場で自分の技量の一端を示すダンスを踊りました。それは極めて優雅で身体はごく薄いギリシャ風の衣装で覆われているだけでした。特徴的だったのは裸足だったことです。彼女は将来、ひとかどの者になることを予感させ、やがて本当にそうなりました」

ロイは「この若いダンサーの面倒をみて世に出すことが自分の幸福だ」と感じ、その場で彼女にヨーロッパ巡業に同行するように誘った。イサドラの方でもロイ・フラーを優れた芸術家と思っていただけでなく貞奴と同じ舞台に立てることを喜び、ベルリンでロイの一行に合流することを約束した。

この出会いの場面では、ともにモダン・ダンスのパイオニアとみなされる二人のアメリカ人女性は相思相愛だったわけだが、二人の良好な関係は長くは続かなかった。イサドラは年長のロイのアドバイスにもほとんど耳を貸さず、自由気ままにも見える態度で自分の意志を貫き、さすがのロイも翻弄されることになる。

ロイ・フラーの「回想記」によると、イサドラは約束通りベルリンに来てロイの一行に合流したが、その時から体調を崩していてほとんど稽古をせず、ロイをやきもきさせた。それでも、オーストリアのウィーンに着くと、ロイは世に知られたこの芸術の都で、自分の「秘蔵っ子」をお披露目する夜会を開くことを計画し、イサドラを連れて著名人を訪問して回り出席を依頼した。

夜会の当日、会場となるホテルのホールを花で飾り、選りすぐりの軽食を用意しオーケストラも雇った。ホテルの前には次々に到着する紋章入りの豪華な馬車を眺める人だかりができた。ロイは玄関で、最初に降り立った英国大使夫妻とその娘をはじめすべての招待客を出迎えるとダンサーの様子を見に行った。

＊

時刻は四時半です。ところが、遅くとも十分後には舞台に立たなければならないこのダンサーは両足を湯につけて、ゆっくりと髪をとかしていました。驚いた私は急ぐように強く言い、彼女自身の怠慢のせいで、今日の観客、彼女を世に送り出す力を持った最上級の観客から嫌われてしまいかねない危険を冒しているのだと口を酸っぱくして説明しました。でも、私の忠告に効果はありませんでした。彼女は、しごくゆっくりと髪をいじり続けました。彼女に何を言っても無駄だと感じた私はホールに戻り、この難しい状況を切り抜けるために、生涯でも経験したことのないほどの力を振り絞りました。

この際、間をもたせるために私は即興で何か話さなければなりません。この時に何を話したかはまったく覚えていません。ただ、他の芸術あるいは自然との比較を通してダンスとダンスの価値について長々と話したことを漠然と思い出します。私はさらに、これからご覧にいれるダンサーは、古代エトルリアの花瓶やポンペイの壁画に描かれているダンサーの真似をした模造品ではありません。それらの絵は当時のダンサーを模写したものに過ぎませんが、今から登場するダンサーは、独創的で現に生きているのです。彼女は花瓶や壁画に描かれたダンサーを生み出した古代の精神から直接、インスピレーションを得て、ここにそれを再現するのです、とも言いました。

そうこうするうち、彼女は不意に舞台に現れました。落ち着き払い平然としています。招待客が自分をどう思っているかを心配する様子などは露ほどもありません。でも、私が一番驚いたのは彼女の平然とした態度ではありません。思わず眼をこすってしまったのは、彼女がほとんど裸に見えたことで、実際、最小限の薄い布しか身にまとっていなかったのです。

彼女は舞台の正面に進み出て、ショパンの前奏曲が演奏される間、じっと動かず、眼を伏せ、両腕を垂らしていました。それから踊り始めました。ああ。私はどれほどそのダンスを愛したことでしょう。私にとってそれはこの世で最も美しいものでした。それが彼女であることも、そのあらゆる欠点も、くだらないうそ話も、ばかげた態度と習慣も、そして裸の脚のことさえも忘れました。私には踊り続ける彼女の姿と、私に与えられた芸術的な大きな喜びのほかには何も見えませんでした。

（『私の人生の十五年』第二十章から）

*

こうして、イサドラ・ダンカンを芸術の都ウィーンでデビューさせたが、ロイの方は苦境に立たされることになった。ウィーンの劇場主が川上一座との契約を破棄したため約十万フランの損害を被ってしまったのだ。それでも、イサドラへの援助は続け、次の巡業先のハンガリーの首都ブダペストでも、この若いダンサーを世に出すための夜会を開いたが、ここで予期しない出来事がもちあがった。

ある日、川上一座の稽古に時間がかかり、遅くなってホテルに戻ったロイは、イサドラ・ダンカンが、娘を追って来て今では行動を共にしている母親とオーケストラの指揮者との三人でウィーンへ行ったと聞かされた。そのことにはあまり気にも留めなかったが、やがて一人で帰ってきた指揮者は、ダンカン母娘はもう戻ってこないと告げた。驚いたロイが問いただすと、ウィーンへ向かう列車の中で母娘は「もう立派にデビューできたのだから、これ以上ロイ・フラーの世話になる必要はない」と話し合っていたという。そして、ウィーンでの用事が済むと母娘はそのまま留まって指揮者一人だけを発たせ、ロイへは一言の伝言もなかった。あきらめきれないロイが電報で「もう一度会えないか」と問い合わせると、やはり電報で「戻ってほしければ明朝九時までにウィーンの銀行に一万フランを振り込むこと」と答えてきた。ロイは、自分が経済的に苦境にあるのを知ったうえでのこの要求は「なんともむごい仕打ちだった」と述懐している。

ロイの悔しい思い出話はさらに続き、数年後、ベルギーのブリュッセルで、ある人がイサドラ・ダンカンに「ロイ・フラーを知っていますか」と質問すると、イサドラは「彼女には会ったことがありません」と答えたという残念な証言で締めくくっている。

このようにイサドラ・ダンカンについてのロイ・フラーの「回想記」を読むと、イサドラがいかにも恩知らずのように思えるが、これはロイ・フラー側からの見方で、しかも「ある体験」というタイトルのついた「回想記」の第二十章には、「イサドラ・ダンカン」の実名は一度も出てこずに匿名になっているから、イサドラ側の言い分も聞いてみる必要がありそうだ。

ロイ・フラーが『私の人生の十五年』という回想記を残したのに対し、イサドラ・ダンカンにも『私の人生』という自伝があり、『魂の燃ゆるままに――イサドラ・ダンカン自伝』（山川亜希子、山川紘矢訳）として邦訳出版されている。この自伝はロイ・フラーの回想記に比べると年代記的な配列などはよほど整っていて、二人の出会いと別離についても詳細に語られている。

ロイとイサドラの共通の友人だったオペラ歌手のエンマ・ネバダが二人を引き合わせたことは前に書いたが、イサドラの自伝にもその場面は出てくる。それによると、彼女はネバダの名前はあげずに、ある名歌手が「サラ・ベルナールはすばらしい芸術家だけれど、ひどい女性なのは本当に残念ね。でもロイ・フラーはすばらしい芸術家であるばかりでなく、本当に純粋な人よ。彼女の名前は、一度もスキャンダルに結びつけられたことがありませんもの」と言って、ある晩、ロイ・フラーを彼女のアパートに連れて来たと説明している。

イサドラがロイ・フラーのために踊り、自分のダンス理論を説明するとロイは大喜びだったというが、イサドラは自伝の中で「配管工が来ても私は同じことをしただろう」と付け加えているところに、ロイが若いダンサーとの出会いに有頂天になっているのに対しイサドラの側の冷めた視線が感じられる。

約束通り、ロイ・フラー一行とベルリンで合流したイサドラは一流ホテルの豪華な部屋でロイと対面した。ロイはとても高価なディナーを注文してイサドラを驚かせ、そのぜいたくには限りがないように思わせた。

その時、ロイは背骨の痛みに苦しんでいて、どうして公演できるか不思議だったが、その夜、イサドラが劇場のボックス席から目にしたロイ・フラーは、しばらく前まで痛みに苦しんでいた病人とはどうしても思えなかった。彼女は色とりどりの輝くランの花になり、波間に揺れて流れるイソギンチャクになり、最後はらせん形のユリの花へと変身していった。イサドラは感動した。

「なんというすばらしい天才なのだろう！　ロイ・フラーはいくらまねしても、彼女の才能のほんの一片でも表現することはできないだろう。私は我を忘れていたが、これは二度と繰り返すことができない自然な動きの噴出であることに気がついた。彼女は自分自身を観客の前で何千もの色彩豊かな幻影に変えたのだった。信じられなかった。繰り返すことも、それを描写することも不可能だった」(『魂の燃ゆるままに――イサドラ・ダンカン自伝』)

日ごろ冷静なイサドラの口から出たとは思われない圧倒的な賛辞ではないか。しかし、ほどなくして彼女はロイ・フラーとたもとをわかって独り立ちすることになる。イサドラの自伝に記されたそのいきさつは、ロイ・フラーの回想とはだいぶん趣が異なる。

イサドラは、ベルリンでロイ・フラーにあった時、彼女が十二、三人の美しい女性に取り囲まれて豪華な部屋でぜいたくな食事をしているのに驚かされ、違和感を持った。同性愛的な雰囲気にもなじめなかったらしい。そしてベルリンから次の巡業先に立つ際に自分たちの荷物を置いていかなければならないと聞かされ困惑した。その理由は、川上一座の公演が失敗して大赤字となったためホテル代を支払うことができず、一行の荷物が借金のかたとして差し押さえられたからだった。

ほとんど荷物を持たずにウィーンに着いた一行は、それでも一流ホテルの最高級の部屋に案内されたという。この頃になると、イサドラは「ロイ・フラーの芸術は尊敬していたものの、なぜ自分は母をパリに一人で置いて来てしまったのか、この美しいけれど愚かな女性たちの一団のなかで、いったい自分は何をしているのだろうか」と自問し始めたという。

そして、このウィーンで決定的な出来事が起きた。ある晩、ホテルで同室になった一行のうちの赤毛の少女が急に起き上がるとろうそくをつけ、イサドラのベッドに近づいて来て、「神があなたの首を絞めるようにと言っている」と話しかけてきた。驚いたイサドラは走って逃げ、駆けつけたホテルの職員が彼女を押さえつけた。イサドラはパリの母親に電報を打って次の巡業先のブダペストに呼び寄せ、母娘で相談した結果、周囲の状況になじめず恐怖さえ感じていた彼女はロイ・フラーのもとを離れる決心をしたという。

独り立ちしたイサドラ・ダンカンの本格的な初舞台は、ロイ・フラー劇団が去った後のブダペストで一九〇二年四月から五月にかけて三十日間続いた公演で、ずっと満員の観客の前で踊り続けた。この時期、美しく青く流れるドナウ川を見下ろす丘の上にはライラックが咲き誇っていた。やがて二十五歳の誕生日を迎えるイサドラ・ダンカンはこの地で舞台人としてのキャリアを踏み出し、やがてパリに戻って「二十世紀最高のダンサー」とうたわれることになる。古典的なバレエを否定し、古代ギリシャ風のチュニックをまとい裸足で踊るスタイルを貫いて「裸足のイサドラ」と愛称されることにもなる。

ところで、ロイ・フラーとイサドラ・ダンカンはともにモダン・ダンスの先駆者とされるが、現在では、ロイ・フラーがほとんど忘れられているのに比べイサドラ・ダンカンの知名度はかなり高いらしい。その理由として、ロイ・フラーが大きな衣装に包まれて踊り、そのイメージが抽象的だったのに対し、美人のイサドラは観客に自分の肉体をさらし、生身の人間として強い印象を与えたためではないかと言われる。また、イサドラはダンサーとしてだけでなく、結婚を否定し自由奔放に生きる恋多き革新的な女性としてよく知られていたこと。さらには、二人の子供に恵まれながら、その二人が乗った自動車がセーヌ川に転落して一度に死亡する不運に見舞われたうえ、本人もニース近郊をドライブ中に首にまいたスカーフが車輪に巻き込まれて無残な最期をとげたことも、人々の記憶に長く残る一因となったと考えられる。

それにしても、天才的な二人のダンサーが異郷で巡り合い、ともに相手の才能を認め、お互いのパフォーマンスを高く評価していたのに後味の悪い形で別れなければならなかったのは残念なことだった。特に、同胞の後輩を世に出すために懸命に努力をしながら裏切られる形になったロイ・フラーは大きな喪失感を味わったはずだ。しかし、この一九〇一年から一九〇二年にかけてのヨーロッパ巡業は、その喪失感を補って余りある新しい出会いをロイに用意していた。

イサドラ・ダンカンだけでなく川上音二郎一座ともいったん別れたロイ・フラーは、自分の劇団だけで東欧巡業を続け一九〇二年三月、ルーマニアの首都ブカレストに来ていた。ここでの初演の夜、王太子と王太子妃が劇場のロイヤルボックスに来ていると知らされ、

図14　マリー王太子妃

公演が終わると王太子妃の使いが楽屋に来た。「妃殿下はあなたのダンスを子供たちにも見せたいと思っておられるが、マチネー（昼間公演）はないのでしょうか？」という問い合わせだった。ロイは翌日、マリー（ルーマニア語はマリア）王太子妃にあてて手紙を書き、「もしお気に召すなら王宮で上演しましょう」と提案した。するとすぐに返事が来た。

二十世紀にはなったとはいえ第一次世界大戦のはるか以前で、ヨーロッパでは大革命を経たフランスを例外としてほとんどの国で王制がしかれていた。当然、王族と庶民とはまったく別の世界に住んでいて、その間は大きな懸隔があった。ロイ・フラーはすでに一流のダンサーとして有名人だったけれども、本人も好んで名乗るように、アメリカの中西部出身の田舎者にすぎない。一方、マリーは一国の王太子妃だ。しかも、ルーマニアはヨーロッパでは二流国だが、マリー自身はイギリスの出身で黄金期の大英帝国を統治したビクトリア女王の孫娘で、同時に母方の血筋ではロシア皇帝アレクサンドル二世の孫でもあり、美貌と才知をうたわれる特別の存在だった。この時二十六歳。夫の王太子フェルディナンドとの間にすでに三人の子供があったが、いつも幸せな妻だったわけではない。芸術的、文学的才能に恵まれていて絵画、装飾、執筆などに慰めを見出していた。

そんな王太子妃からの手紙が直接届くのは異例のことだった。当時は何の地位もない民間人を王宮に呼びだすには、宮廷の係員からの「召喚命令」的な文書が送られてくるはずだった。しかし、ロイが手にしたのは王太子妃自身の魅力的な手紙で、都合のいい時間を指定し「これで差し支えなければ、喜んでお迎えします」と書かれていた。

ロイがその時刻に王宮に出向くと、大きな階段をのぼらされて小さな客間に通された。それは、何の人間味を感じられない没個性的な「世界中のあらゆる王宮の客間と瓜二つ」の部屋だった。ロイが居心地の悪い思いをしていると、お付きの者が迎えに来て別の部屋に導かれた。

＊

何という変わりようでしょう。世の中で最も優雅に飾られた部屋の中に一人の若い女性がいました。背が高くすらりとした金髪で、すばらしく美しい人です。周囲の雰囲気も家具類も装飾もすべてがこの若い女性に似合っていて、王宮の雰囲気は消え失せてしまいました。

私は自分がどこにいるかを忘れ、おとぎ話の中で伝説のプリンセスと会っているのだと思ったほどです。ですから金髪の美しい王太子妃が差し伸べてくれた手を握りながら、私の口をついて出た最初の言葉は、次の通りでした。

「ああ、なんて素敵なんでしょう。ここはまったく王宮らしくありませんね。そして、あなたも見知らぬ訪問客を迎える王女様のようには見えません」

彼女は微笑み、二人が椅子に座るとこう言いました。

「王女が未知の客を迎える時は、いつでも冷たく儀式ばっていなければならないと考えられているのかしら。でも、私にとってあなたは見知らぬ人ではありませんからね。あんなに美しいダンスを踊っているあなたを見た時から、あなたをとてもよく知っているように思えるんです。あなたがこうして私に会いに来てくださってとても喜んでいますよ」

次いで彼女は、私が希望している王宮での出張公演のために、王宮内の普通の部屋を使って完全な照明効果を得られるかどうかを尋ねました。私は、それは十分可能ですと答えました。そして、ほとんど我を忘れて呟いてしまいました。

「ああ、なんて美しいんでしょう。この窓からの景色はすばらしいわ」

「そうです。私がどうしてもここに住みたいと願ったのはこの景色のためでした。ここから広がる風景は私にイギリスを思い出させてくれます。おわかりでしょう。この窓から遠くを眺めていると、私が生まれた懐かしい国にいるのだとさえ思えるのです」

「では、今でもイギリスを愛してらっしゃるのですね」

「おお、自分の祖国より他の国を愛しているイギリス人にあなたは会ったことがありますか？」

「ルーマニアは愛していませんか？」

「国民と国を愛さずにここで暮らすことは不可能です」

彼女はこう言うと、ルーマニアの民族衣装をまとった彼女の大きな肖像画を見せてくれました。しかし、彼女の金髪と明るい色白の肌は、私が最近出会った他のルーマニア女性とはあまりに対照的でした。その絵が悲しみのベールで不意に覆われたように感じられ、彼女がこの地に移り住んだことを決して悔やむことはないのだろうかと自問してしまいました。彼女は草原のヒナゲシの中に咲く一輪のユリのように思えました。

私たちが席に戻った時、私は王太子妃を見つめ、優雅な物腰と愛すべき微笑みに感じ入りました。彼女は私に、自分で花々を描いたスケッチブックを見せました。そのうちの一枚には、物憂げに垂れさがるフジの花が描いてありました。私は、ページをめくる彼女の姿に見入ってしまいました。

「私は、こんな花の絵をとても心が沈んだ日に描きました。誰にだってそんな日があるでしょう」

「そうですね。でもあなたにそんな日があっちゃあいけませんね」

「本当にそう思いますか。この世に悲しみの種がない人なんて決していませんよ。私だって例外ではありません」

（『私の人生の十五年』第十四章から）

＊

この時の面会が通りいっぺんの王太子妃殿下のダンサーに対する謁見でなかったのは確かで、ロイ・フラーの「回想記」によれば話題は多岐にわたり、二人の面会が長引いたために昼食の時間が一時間以上遅れてしまったという。そして数日後、この日の約束に従ってロイ・フラーは王宮内の食堂に設けられた臨時の舞台で、王太子夫妻だけでなく国王、王妃をはじめ宮廷関係者を前にダンスを披露した。

そして、ここまではアメリカ人ダンサーと王太子妃の身分の差をこえた心温まるエピソードと言ったところだが、ここから、ロイ・フラーならではの逸話が始まる。

ロイの一行が次の巡業地のローマに向けて出発する前日になって、困った事態が持ち上がった。電報為替で送られてくるはずの金が届かなかったのだ。復活祭の日のローマ公演に間に合わせるには、すぐにでも十二人の座員と大量の荷物を列車に積み込まなければならない。窮地に立たされたロイは、「ブカレストでただ一人気心の知れている」マリー王太子妃に頼ることにした。午前九時、王宮を訪ねたロイは、朝の化粧もまだ済んでいない部屋着のままのマリーに面会した。そこは前に通された部屋よりもっと小さな本当の私室で、マリーは「ここは私の部屋です。どんなことが起ころうと、誰もここに来て私を邪魔することはできません。私は時々ここに逃げ込むのですよ。そして再び世の中に立ち向かう用意ができたと感じるまでたった一人で過ごすのです」と話した。

ロイが窮状を説明して助力を願うと、王太子妃はすぐにベルを鳴らしてお付きの者を呼び、儀典長に自筆のメモを渡すように指示した。そこには「私のこのメモを持参するフラーさんのためにできるだけの援助をしてください」と書いてあった。儀典長に付き添われてロイが銀行に行くと、すぐに一通の手形と引き換えに必要な金が支払われ、一行は無事にローマへ向けて旅立つことができた。

　ロイの振る舞いは、見る人によっては非常識にも映るはずだが、マリー王太子妃はその行動力に眼を見張り、同時に自分の懐に飛び込んできたロイに親しみを感じたかもしれない。住む場所も身分も違う二人はこの後、直接会うことは多くはなかったが、やがて親しく文通を重ねる関係になり、めったに他人には見せない内面を互いに語り合って稀有な友情を育むことになる。

9　ロダン　キュリー夫妻　花子

ルーマニアのマリー王太子妃と出会った東欧巡業を終え、イタリアを経由してパリに帰ったロイ・フラーは相変わらず多忙で、貴重な体験をかみしめる暇もなかった。それから間もない一九〇二年四月、ラジウムの発見で有名なキュリー夫妻を彫刻家のオーギュスト・ロダンに紹介する機会があった。天文学者のカミーユ・フラマリオンと文豪のアレクサンドル・デュマの間を取りもったように、今度も、世間に広く知られていながら活動分野が異なるために交流のない人たちをアメリカ人ダンサーが引き合わせることになった。

ロイ・フラーとキュリー夫妻の三人がロダンを訪ねたのは、パリ七区の邸宅ではなく、パリ西郊のムードンの丘の上にあり、ロダンが晩年をすごした自宅兼アトリエの方だった。アトリエと言っても美しい並木道に続く堂々たる建物で、広大な工房や展示スペースを備えていた。ロイはここをロダンの「美の殿堂」と呼び、丘の上からセーヌ川とパリ市街地を見渡す景観を「パリ近郊で最も美しい眺望の一つ」とたたえている。

図15　オーギュスト・ロダン

＊

ロダンの真の価値を知るには、他の場所ではなく、ここムードンで彼に会わなければなりません。彼の器量の大きさと深さを理解するには、人間と環境と作品の全体を見なければならないからです。

私がお話ししているこの訪問は一九〇二年四月のことでした。この時私はある科学者——彼は後に、馬車にひかれて悲劇的な死を遂げることになります——と、彼に劣らない立派な科学者であるその妻を伴ってムードンを訪れました。この夫妻はそれまでにムードンへ行ったことはなく、ロダンの知り合いでもありません。二人は巨匠その人と同じように素朴な人たちでした。私が彼らを紹介しても何も言葉を交わさず、互いに手を握り相手を見つめただけです。辞去する際にはもう一度握手をして今度はとても長い間見つめあっていました。それだけでした。でも、本当はそれだけではなかったのです。彼らの交わした視線の中には、知性と評価と理解の世界がありました。ロダンの特異な風貌、長いひげ、真っすぐに相手に注がれる視線は科学者夫妻の素朴さとうまく釣り合っていました。夫は栗色の髪で背が高くやせ型、妻は金髪の小柄な女性で二人とも同じように人目につくのを嫌っていました。

殿堂の中は静かでした。深くてうっとりとするような、宗教的と言えそうな静寂で、できることなら自分でも再現したいと願うような静けさでした。ロダンは特に気に入っている一つの作品の前に私たちを導きました。二人の訪問客はじっと動かず、無言のまま目の前の傑作に見入ります。ロダンの方は大理石の作品をなでながら相手を見守って、称賛かあるいは理解を示すあかし、つまり短い言葉か顔や手の僅かな動きを待っています。

こんな具合に作品から作品へ、部屋から部屋へ——ロダンの殿堂には三つのアトリエがありましたから——私たちは長い時間をかけて、ゆっくりと魂の交感ともいえる美の巡礼を続けたのです。殿堂に入って二時間が経っても、私たちの間では、十回ほどしか言葉は交わされませんでした。

(『私の人生の十五年』第十一章から)

＊

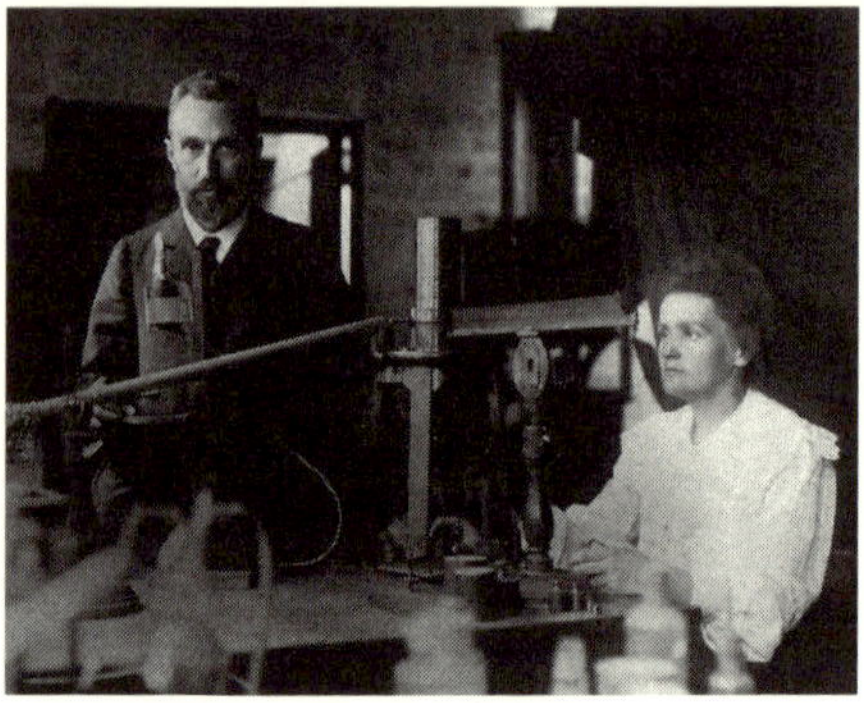

図16　実験室のキュリー夫妻

帰りの馬車の中で、ロイはこの訪問の印象を夫妻に尋ねたがはかばかしい返答はなかった。それでも、夫妻の表情に大きな喜びを浮かんでいるのを見て二人がロダンを理解しその価値を認めたことがわかったという。実はこの「回想記」の中にはキュリー夫妻の名前は書かれていない。夫の方が後に交通事故で死去した事実が書かれていて、キュリー夫妻だとわかるのだが、「彼女の質素で控えめでありたいという希望を尊重して、ここでは彼女の名前をあげることを遠慮しなければなりません」と書き添えている。

　ところでロイは、この場面の登場人物のうちロダンとはパリ万国博覧会より前の一八九八年夏までに友人で芸術界に顔の広い評論家のロジェ・マルクスの紹介で知り合ったらしい。一方、キュリー夫妻には、誰に仲介されたわけでもなくロイの方から積極的に近づいたようで、そのきっかけは「光」だった。

　舞台の照明効果に常に気を配っていたロイはある日の新聞で、「ラジウムが光を出す」という記事を見つけた。例によって行動力のあるロイはさっそく、ノーベル物理学賞をやがて受賞することになる科学者夫妻に手紙を書き「ラジウムを衣装に付けて、暗闇の中で光るダンスができないだろうか」と尋ねた。実現できればセンセーションを巻き起こすことができる。しかし、夫妻の返事は、ラジウムは危険なうえ高価でとても舞台では利用できないという否定的なものだった。ロイは失望したが夫妻がわざわざ返事をくれた親切に感謝して両者の交流が始まり、アメリカ人ダンサーと人見知りの夫妻はしだいに親密な関係になった。

ロイが提案してキュリー家でダンスを披露したこともあった。舞台技術者たちを連れて行き、数時間かけて狭い居間の模様替えをして何とかパフォーマンスをやり終えたという。また、ラジウムの使用は断念したけれど、それに替わる蛍光物質を見つけたいと考えたロイは、パリ十六区の自宅裏の家を借りて実験室にした。そこまで科学研究にのめり込んだのは、アメリカで会った発明王エジソンやキュリー夫妻から刺激を受けたからに違いない。若い化学者を雇って実験を続けるうちに爆発事故を起こしたこともあった。「正気に戻ってみると、誰もけがはしていなかったが全員の眉毛とまつ毛が焦げていて、実験中の蛍光物質を付けたドレスは煙となって消え失せていた」と、ロイ本人は楽しそうに回想している。

ロイとキュリー一家の関係は長く続き、母親マリー・キュリーの伝記作家としても知られる次女のエーヴァを特にかわいがったようだ。ずっと後になって一九二〇年代のことだが、彼女がまだ新進のピアニストだった時、敬愛する夫妻の娘を世に出したいと考えたロイは、幅広い知友に働きかけて彼女のアメリカ演奏旅行を計画したことがあった。結局、直前になってまだ若かったエーヴァが怖気づいてせっかくの計画が実現しなかったのは、ロイにとっては残念なことだっただろう。

一九〇二年に話を戻すと、四月にキュリー夫妻をロダンに引き合わせたロイは、五月にスペイン、六月にイタリアのナポリで公演して七月にはパリに戻ったようだから相変わらず忙しい。翌一九〇三年春に予定していたアメリカ公演の準備も早めに取り掛からねばならなかった。四十歳をこえたロイは、久しぶりに母国の土を踏むこのアメリカ巡業を特別に意味あるものにしたいと考えていた。つまり、自分のダンスを披露するだけでなく、フランス文化、特に彫刻家オーギュスト・ロダンの業績を広く紹介する機会にしたかった。

ロイが二十歳以上年長の著名な彫刻家のもとに親しげに出入りし、アメリカからの来客を頻繁に紹介するのを、一種の有名人病か売名行為のように受け取る人もいたが、彼女がロダンの人柄を愛し作品に向き合う姿勢を芸術家の先輩として心から尊敬していたのは確かだった。そして、何事も心に秘めたりせずに行動に移す性格だから、ロダンの偉大さを広く世間に、特にアメリカ人に知らせたいと考え、その作品展をアメリカで開くことを思いついたようだ。

一九〇三年二月、アメリカに渡ったロイはブルックリンのミュージック・ホールに出演した。同時にパリから持ち込んだロダンの作品を紹介する準備を進めて五月六日から十六日まで、ニューヨークのナショナル・アーツ・クラブでの展示会開催にこぎつけた。このクラブは有名人を含む千人以上の会員を持ち、最高級の展示をするという評判だった。

展示されたロダンの作品は、ロダン本人から借りたりロイ自身のコレクションから選んだりしたもので、傑作とされる「考える人」や「バルザックの頭部」などを含んでいた。主役はロダン作品になるはずだったが、実はロイのサーペンタイン・ダンスを描写した彫像や絵画、装身具なども数多くあった。これらは一九〇〇年パリ万国博で、ロイ・フラー劇場のギャラリーに展示されたもので、ロイの等身大のポートレートもありかなり目立っていた。その結果、展示会を紹介したニューヨークの新聞記事のなかにはロダンよりもロイを大きく扱ったものさえあった。これをロイの売名行為とみて快く思わなかったロダンの信奉者の中には新聞記事をフランスのロダン本人に送りつけて、「ロイの悪事」を知らせた者もいた。

ナショナル・アーツ・クラブでの展示会が終わると、ロイは、ロダンから借り受けていた作品を引き続きメトロポリタン美術館に貸し出すようにロダン本人に依頼した。同美術館では、これらの作品を一年間にわたって特別展示する計画だったが、「告げ口」のせいもあってかロダンからの電報の返事は、「全作品を直ちに返却せよ」というものだった。この後、両者の間でどのような折衝があったのかはわからないが、結局、これらの作品のうち「テンペスト」「考える人」「バルザックの頭部」など五点をロイが二万四千フランで買い取る約束で、そのままメトロポリタン美術館に預けることになったようだ。

ロイ本人はと言えば、展示会の後もいくつかの劇場で公演を続けていて、それが「ニューヨークのこの夏の重要なアトラクション」に数えられるほど好評で、ある劇場の出演料は一週千五百ドルで、「アメリカの演芸史上最高額」と噂されていた。だから決して金回りが悪いわけではなかったが、二万四千フランを一度に支払う余裕はない。数回の分割払いにする約束で初回分はメトロポリタン美術館に預けてある作品そのものを抵当にして銀行からの融資で支払った。

八月になるとロイはパリに帰り、ロダンに会って作品の代金の一部を小切手で支払い、残りの分の約束手形を渡したが、ロイはこの時はじめてロダンが自分に対して強い不信感を持っていることに気づいた。ニューヨークからの告げ口のほかにもロイの悪評がロダンの耳に入っていたらしい。しかし、何事にも楽観的なロイは、じっくり話し合えば自分の誠意を必ず理解してもらえると考えて手紙で面会の約束をとりつけた。その「火曜日の朝食後の会談」で、二人はある程度は理解し和解したように見えた。ところが、ロイがロンドン公演に出かけていた十月中旬、ロダンに手渡してあった約束手形が不渡りになってしまった。ロダンは自分の作品の返還を要求し作品は全部手元に戻ったが、これ以後は二人の関係は断絶状態になってしまった。

尊敬するロダンを自分の手で広くアメリカ人に紹介しようという試みが挫折したことは残念だったに違いないが、ロイには落ち込んでいる暇はない。一九〇四年夏には、南アメリカに巡業に出たらしい。アルゼンチンのブエノスアイレスからウルグアイのモンテビデオ、ブラジルのサンパウロ、リオデジャネイロと回るのは、航空機のないこの時代には困難を極めた大旅行だったはずだが、秋には元気にヨーロッパに戻っていた。

一九〇五年になると、ロンドンで一人の日本人女優に出会い、それが女優の人生を変えただけでなく、ロイ・フラーがロダンとの関係を修復する手掛かりにもなったのは運命のいたずらと言うしかない。

この日本人女優は、本名は太田ひさ。慶応四年（一八六八年）四月生まれというからこの年の春には三十七歳になっていたはずだが、年齢よりずっと若く見えた。『ロダンと花子』（資延勲）、『プチト・アナコ――小さい花子』（澤田助太郎）などによると、ひさは愛知県の出身で、旅回り一座の子役や芸者の経験があった。一九〇二年五月、二度の不幸な

図17　花子

結婚生活に破れて将来への希望を失いかけていた身の上に大きな変化が起きた。横浜在住のデンマーク人で、母国の首都コペンハーゲンでの見世物興行を計画していた興行師に雇われ、二十数人の仲間と一緒にデンマークに渡った。

三カ月間ほどの興行を終わると出稼ぎ仲間はみんな帰国したが、日本に戻る気のしないひさは、ドイツ人興行師のもとで日本人数人による旅回りの一座に加わったらしい。当時、日本人の芸人がそんなにたくさんヨーロッパにいたことに驚かされるが、いずれにしても一座がヨーロッパ各地を巡業して回るとどこでも評判よく大入りが続いた。そこで、興行師との契約期間が切れると、自分たちだけで巡業したほうが有利だと判断して独立したが素人興行のカナシサで、劇評でほめられ客入りがよくても出費がかさんで思うように利益が見込めなくなった。

そして一九〇五年秋、イギリスに渡ってロンドンのサボイ劇場に出演している時、たまたま劇場の隣のサボイ・ホテルにロイ・フラーが投宿していた。ロイの「回想記」に従ってそれからのいきさつを見ると、ある日、ひさたち数人がロイを訪ねてきて出演先を紹介してほしいと依頼したという。出演料をめぐり交渉は少々難航したらしいが日本人一座には他にあてはなく、結局、ロイが予定していたコペンハーゲンからの北欧巡業に日本人一座も加わることになった。ロイは旅先のホテルで初めて一座の全員に会い、彼らがいくつかの出し物を実際に演じるのを見た。

＊

その一座の中で、私は一人の愛らしい女優に眼を付け、これこそすばらしいスターだと思いました。しかし、日本人にとっては女は取るに足らないもので、すべての重要な役は男によって演じられるのです。でも、私の注意をひいたのは彼女だけでした。彼女が演じたのは確かに大した役ではありません。しかし、知性に恵まれていて、軽やかでおかしな微笑を見せたと思ったら、すぐに恐怖におののく苦悶の表情に変えました。それに彼女は美しく、優雅で、風変わりで、その個性は日本人の中でも際立っていました。リハーサルが済むと、私は一座の者を集めて言い渡しました。

「もし私と一緒にここに留まりたいのなら、私の言うことを聞きなさい。あなたたちは、この若い女優を一座の看板役者にすることです。そうしなければとても成功は見込めませんよ」

彼女の名前は一メートルもありそうな長たらしいものだったので、翻訳もできず、私はその場でハナコと命名しました。

結局のところ、彼らは私の提案を受け入れ、私のお気に入り女優の出番を増やすことになりました。けれども、その芝居には締めくくりの見せ場がなかったので一幕を付け加えました。花子が最後に舞台の上で死ぬことにするのです。この考えに全員が大笑いし、中でも花子が一番よく笑ったのですが、結局、死ぬことに同意しました。

おびえている子供のように細かく動きながら、傷ついた小鳥のような泣き声をあげて彼女はうずくまり、小柄な彼女は厚ぼったい刺繍をほどこした大ぶりな着物の中に消え失せてしまったように見えました。彼女の顔は石になったように無表情で、眼だけが光っています。そして彼女はかすかにしゃくり上げて身もだえし、小さな悲鳴をあげました。最後の声は弱々しく、もう虫の息にすぎません。やがてその頭はガクッと肩に倒れました。その眼は大きく見開かれ、自分に訪れた死をじっと見つめています。それは悲痛な光景でした。


（『私の人生の十五年』第十八章から）

こうして「回想記」を読み進めると、ロイ・フラーが世界的に有名になる「花子」の名づけ親だったことになるが、『プチト・アナコ——小さな花子』によると、当時のサボイ劇場のプログラムにはすでに「ハナコ」の名前が記載されているという。また、両者が出会ったいきさつも、花子側の資料では彼女の舞台を観たロイ・フラーの方から「日本人一座を抱えたい」と申し入れてきたというから、話は大きく食い違っている。

いずれにしても、花子たち日本人一座とロイ・フラーがそれから行動を共にしたことだけは間違いない。そしてロイの思惑通り、花子を一座のヒロインにすえたコペンハーゲンでの公演は大成功で、さらに、行く先々で人気をさらい花子の出番を大幅に増やさなければならなかった。特にフィンランドでの喝采は熱狂的だったが、それは、この北欧の小国を圧迫し苦しめていた北の大帝国ロシアを、アジアの小国の日本が日露戦争（一九〇四年—一九〇五年）で打ち破った直後だったからだ。

北欧巡業を成功のうちに終えたロイ・フラーと日本人一座はいったんパリに戻った後、一九〇六年六月には地中海沿いのマルセイユに来ていた。折から開催されていた植民地博覧会（四月〜十一月）にあわせて市内で公演し会場内の舞台にも出演するためで、ここでも花子は人気を博した。

この博覧会で大きな呼び物だったのは、フランスの保護国だったカンボジアのダンサーたちだった。そして、パリでこのカンボジアのダンスを見た彫刻家のオーギュスト・ロダンは「アンコールワットのレリーフが動き出したようだ」と感嘆し、七月にはマルセイユまで一行を追って来てダンサーのスケッチをしていたという。

このマルセイユでロイはロダンとほぼ三年ぶりに再会した。ともに有名人の二人だから博覧会の会場内で偶然に出会ったとも思えない。ロダンが来ているのを知ったロイの方が、以前に貞奴の演技に感服したことがあるロダンに対し、花子の舞台を見に来るように誘ったと考えるのが一番自然だろう。そして実際、ロダンは花子を見て大いに興味を抱き、特に『芸者の仇討』の最後の場面で花子が自決するシーンに感銘を受け、自分の作品のモデルにしたいと花子本人にも伝えたようだ。

ロイとロダンの関係は、三年という時間のおかげか花子というすばらしいモデル候補が存在したためか、双方の感情のわだかまりはとけて一緒に博覧会見物を楽しんだ。二人そろって名物の人力車に乗り記念写真に収まる姿が残されていて、これ以後は二人は互いに連絡を取り合う関係に戻った。

しかしロイにとっては、万事が順調に進むことにはならなかった。博覧会での公演は好評だったはずなのに、例によって経済的に行き詰り座員の給料の支払いも滞るようになってしまった。結局、日本人一座は解散して座員は散りぢりになり、何人かは帰国し他の座員はパリやその他の地に移り、花子がロダンのモデルになる話も立ち消えになった。

その花子はと言えば、以前に住んでいて土地勘のあるベルギーのアントワープへ行き仲間数人と共同生活をしていたらしい。そこから再びパリに戻ることになるのだが、そのいきさつもロイと花子の話ではかなり食い違っている。

ロイ・フラーの「回想記」によると、ある日、パリにいたロイのもとへアントワープの花子から手紙が届いた。その内容は「場末のキャバレーで船員相手に歌ったり踊ったりすることを強要されている。この仕事が嫌でたまらないので逃げ出したいが死ぬほど怖い男が監視していて一人では無理だ。助けに来てほしい」という悲痛なものだった。そこで、ロイは自分の友人二人とパリに残っていた日本人一座の男をアントワープに向かわせ、花子を着の身着のままで脱出させたというのだ。まるで冒険小説の一場面のような活劇談ではないか。

ところが、花子側の資料では事情が大分違っていて、花子が買い物のためにアントワープの街を歩いていると、ロイ・フラーの「女番頭」と元の日本人一座の男に呼び止められ、ロイのもとに復帰するように誘われたという。マルセイユでの給料を巡るトラブルでこりごりしていたが、今度は決してそんなことはしないと約束するので「モー一度騙されてみようと思って」ロイのところに戻る決心をしたという。つまり、花子はロイに救出を求めたのではなく、ロイの依頼に応じて復帰を決めたというのだ。もっとも花子の話でも、アントワープに一緒にいた人たちには見つからないように、荷物も持たずに迎えの自動車でパリに直行したというから、やはりあまり真っ当な話ではなかったようだ。

パリに戻った花子は、しばらくの間はロイと一緒に住んで、ロイがアレンジした舞台に出演しながらロダンのアトリエに通って巨匠のモデルを務めた。ロダンは身長百三十八センチだったということの小柄な東洋の女性をモデルとして尊重しただけでなく人柄も愛したようだ。初期にはロイと一緒に頻繁に食事に招き、その後は自分の邸に住み込ませて寝食を共にすることもあった。

彼女をモデルにしたロダンの作品は約六十点にのぼり一人のモデルの作品としては最多だ。中でも花子が舞台で演じた断末魔の苦悶の表情を表現した「死の顔」などが有名だ。二人の関係は、森鷗外の短編小説『花子』によって日本でもよく知られている。花子がパリに戻ってしばらくの間は、ロダンのアトリエに頻繁に通う花子にロイ・フラーも付き添ったからロイとロダンの関係も以前にもまして親密になった。ロダンをアメリカで紹介するという希望をあきらめていなかったロイにとっては嬉しいことだった。

10　アフリカの王様　人生の達人

一九〇六年夏、地中海沿岸のマルセイユで開かれた植民地博覧会で、ロイ・フラーは彫刻家のオーギュスト・ロダンとうれしい再会を果たしたが、その会場内では他にも珍しい人物に出会っていた。ロダンとの関係とは違い一時的な巡り合いにすぎなかったけれども、そんな場合にも初対面の相手と打ち解けて心を触れ合うところに彼女の人づきあいの特色があった。

ロイの「回想記」第十五章のこのエピソードは「マルセイユの植民地博覧会の時のことです。私が数人の友人とあるパビリオンにいると、千夜一夜物語の王子様のような身長一八〇センチほどの立派な黒人男性が私たちが座っていたテラス席の方へやって来ました」という印象的な書き出しで始まる。

「王子様」とお供の一行はロイたちの前を通って奥の部屋に入っていった。やがて、パビリオンの責任者がやってきて「セネガルのジョロフ王国の王様がお忍びで博覧会見物に来ています。彼をもてなすのを手伝ってくれませんか」と依頼した。こんなことが大好きなロイは喜んで承諾し、王様の前に立った時に隣の友人にそっと、しかしはっきりとフランス語で「すばらしくハンサムな未開人ですね」と言ってしまった。すぐ後で、彼はパリで教育を受けていてロイとは比べものにならないほどフランス語が上手だとわかり、ロイはあわてて「未開人」と言ってしまったことを釈明し、彼が怒っているかどうか顔色をうかがうと、穏やかに微笑んでいたので安心した。

それから数日後、王様は会場内のロイが出演している劇場に来て、公演が終わると、「あなたのダンスは大変すばらしかった。お返しに何かしましょう」と言ってくれた。古代のダンスを研究していて宗教儀式に付随する舞踊に興味のあったロイは、「何かお国の宗教的な儀式を見学できれば大変うれしい」と希望を伝え、それが実現することになった。

ロイが宿泊していたホテルの庭に茶会の用意をしてもらい、地面にカーペットを敷き詰めた。やがて、ホテルに来た王様とお付きの者たちは沈みゆく太陽に向かって祈りをささげるといい、綿密に日没の方向を見定めた。儀式が始まると、参加者全員が同じ短い祈りの言葉を唱えながら機械のような正確さで同じ動作を繰り返した。青い長い衣服の上にひだのあるゆったりした白いコートをまとっていて、それが身体の周りで波打った。ひざまずき額を地につけたと思うと、一斉に立ち上がる。調和のとれたリズミカルな動きはとても印象的で、ロイは非常に美しいものに感じた。

この礼拝の儀式の後、王様は自分の身の上について話してくれた。それによると、アフリカ大陸の西端にあるセネガルの中のジョロフ王国の国王だった彼の父親はフランス政府によって退位させられて国外に追放されたという。今ではセネガル全体がフランスの属領となり、国王の息子の彼も厳密には一部族長にすぎないけれども、その風貌にはなお王様にふさわしい威厳が備わっていた。

簡単なアフリカ史年表を見ると、なるほど、一五〇〇年頃に絶頂期を迎えたジョロフ王国は一八九五年にフランスの支配下におかれ、ダカールのフランス植民地政府に吸収されて一九〇〇年に消滅したとある。フランス語を自在に話す彼の心境はなかなか複雑だったに違いない。

＊

話の途中で、私は少々ぶしつけな質問をしたいのですが、と許しを請いました。彼が素敵な笑顔を見せて同意してくれたので、彼が結婚しているかどうか尋ねました。

彼は結婚していると答えました。しかも妻が四人もいたのです。彼がその妻たちを連れずに、美しい女性がたくさんいるこの国を旅行しているという事実に私がひどく驚いているのを見てとって、今度は彼がしげしげと私を見つめ、その後で口を開きました。

「私の妻たちにとっては、白人の女性は魅力的でも美しくもありませんからね」

その言葉にも大変驚かされた私は、それは彼女たちが白人女性を見たことがないからでしょうと、尋ねました。

「いいえ。違いますよ。どんな場合であっても、彼女たちが白人女性に嫉妬するなんてことはあり得ません。彼女たちは、青白い顔の女が私の人生で何らかの役割を果たすことなどまったく不可能だと思っているはずです」

「じゃあ、あなたは確信しているのですか。もしある日突然、色が白く金色の長い髪の女性があなたの国の色の黒い女性の中に現れたとしたら、人びとは天使が来たと思わないですか？」

「とんでもない。悪魔が来たと思うでしょうよ。私たちの楽園では天使は黒人ですから」

実を言いますと、このことは私に信仰の見方についてまったく新しい地平を開いてくれました。神が自分に似せて人間を造ったというより、むしろ人間が自分たちに似せて神を造ったのだということを、これほど明瞭に思わせられたことはありません。

(『私の人生の十五年』第十五章から)

＊

知り合って間もない、しかも、現在ではその位にないとはいえ王様と呼ばれる人物との間でずいぶん思い切った会話をしたものだが、このあたりがロイ・フラーの真骨頂と言えそうだ。また、彼女自身が、誰に対しても差別心を持たないからこんな踏み込んだ問答ができたのだろう。

これは一九〇六年のことだから第一次大戦開戦の八年前にあたる。ヨーロッパをはじめ世界中どこでも、君主のいない共和制の国はフランスやアメリカなど数えるほどで、ほとんどが国王、皇帝、大公、首長など呼び名は違っても君主が国を治め、それに連なる貴族階級が幅をきかしていた。ロイ・フラーは職業柄、各国を巡り歩く間にそれらの君主や王侯貴族と呼ばれる人々の多くと知り合いになった。ルーマニアのマリー王太子妃との仲は特別にしても、ほかにも「旅芸人と貴賓席の観客」の関係をこえたつきあいをした君主は少なくない。ロイは彼らとの交遊関係をかなり大っぴらに、むしろ誇らしげに発表しているが一方で、そうした高い身分の人たちから自分が馬鹿にされたり低く見られたりしたと感じた場合も簡単に恐れ入って引き下がることはなかった。

時期はやはり、この一九〇六年前後のことだと思うのだが、チェコ西部のカルロビバリという街での逸話が彼女の反骨精神を示していて興味深い。この街はヨーロッパでは有名な温泉保養地で、十九世紀に鉄道が開通するとオーストリアのウィーンなどから多くの観光客や湯治客が訪れるようになりにぎわったという。

この街には当時、湯治客目当てにスウェーデン式に整備された体育館があり、そこには電気仕掛けで頭から足の先までを揉みほぐす振動マッサージ機が設置されていた。おそらく最新式の珍しい装置だったのだろう。巡業でこの地を訪れていたロイが公演の合間にこの体育館に来てその電気マッサージ機を利用し終えて帰ろうとしていると、この施設の女性職員がロイに駆け寄ってきた。

＊

「お願いですからもう一度体育館に戻って、あの機械を使って電気で揺すられるふりをしていただけませんか。お付きの者たちと一緒に来ているオーストリア大公妃殿下がその様子を見られるようにしてほしいのです」

「今晩劇場に来れば私を見ることができると、大公妃に伝えてください」と、私は答えました。

そこで、あわれな女性職員は白状したのですが、実は大公妃殿下の名前を出すなと言われ、何でもいいから口実を設けて私がホールに戻るようにさせなさいと命令されたというのです。彼女が使命を果たせそうもないことに困りぬいていたので、私はかわいそうに思って機械の所に戻ってあげました。そして、私が背中のマッサージをするのを、知りたがりの猿のような高貴な方々が心行くまで見物できるようにしました。

彼女たちはニヤニヤ笑いながら私を見ています。私はと言えば、彼女たちが見ている間、こちらも少しも目を離しませんでした。滑稽だったのは、私の方は彼女たちが誰だか知っているのに向こう様はそのことをご存じなかったことです。ですから、私を見て彼女たちが楽しんでいる以上に、それと悟られないまま、私の方がもっと楽しんだのです。

（『私の人生の十五年』第十五章から）

＊

ロイ・フラーがこのエピソードを「回想記」に加えたのは、いかに身分が高くても、旅回りのダンサーを見下したり真面目に働いている職員を権柄づくで困らせたりしているのを不愉快に感じたからだろう。お付きの者たちに囲まれていたというから、人数から言っても多勢に無勢だが、一歩も引かずに相手を見据えた姿は想像するだけでも痛快に感じられる。アメリカの「西部娘」の面目躍如と言っていいだろう。

ところで、このオーストリア大公妃と先に取り上げたセネガルのジョロフ国王の話、さらには以前に紹介した中国の西太后にまつわる逸話はいずれもこの「回想記」の第十五章に収められている。全体のタイトルは「君主たち」で、時期は考慮せずに王様、王妃、大公らにまつわる話を集めていて、他にもペルシャのシャー（国王）から勲章をもらい損ねた話、ベルギー王妃の馬車を路上で止めたことなど全部で八つの逸話を載せている。

続く第十六章、第十七章も、それぞれ時期は違っても各章のタイトルにふさわしい話題を集めたエピソード集の体裁をとっている。その内容はロイ・フラーの「ものの見方」あるいは「人間観」を示していて興味深いから、「できるだけ時間の流れに沿って」という本書の基本方針から外れるけれど、ここでまとめて紹介しておこう。

第十六章のタイトルは、直訳すれば「その他の君主たち」だが、そこには本当の君主は一人も登場しない。内容は三つのエピソードに分かれていて、第一の話はロイ・フラーのパリでの六百回目の公演にまつわる話で、彼女の意図は別にしてロイの最盛期の人気のほどを示している。

その公演があった夜、パリ中心街のアテネ劇場は学生によって貸し切られていた。ロイが舞台に登場すると学生たちは競ってスミレの花束を投げ入れ、ダンスを終えて劇場の外へ出ると興奮した学生たちはロイの馬車から馬をはずして自分たちで引き始めた。途中であまりに多くの群衆が集まったため警官が来て制止したが、この騒ぎが「あのロイ・フラー」の成功を祝うためだとわかるとそのまま進むことを認めたという。若い学生たちは十六区パッシー地区のロイの自宅まで送り届けると、「芸術バンザイ」「ロイバンザイ」と叫んで帰っていったという。

この話がなぜ「その他の君主たち」という章で扱われたのかというと、大勢の群衆、この場合は学生が集まって一つの行動に集中した時のエネルギーは、君主の威勢にも優に匹敵するということらしい。二番目のエピソードに読み進むとその意図がはっきりする。それは、先にも見たマルセイユの植民地博覧会での自身の公演に関するものだった。

真夏の夜、野外ステージ上のロイ・フラーが照明で浮かび上がると観客の間に雷鳴のような、巨大な野獣の遠吠えのような叫び声がわき起こり、この夜に観客が見せた興奮の有様はまったく人間離れしていてロイに強烈な印象を与えた。「私はこの夜、人間を支配するもののうちでも群衆こそが最も強力なのだと思い知ったのです」と言っている。

つまり、「その他の君主たち」として取り上げた三つのエピソードのうちの二つは、群衆が持つエネルギーは時として王様や帝王の力に劣らないと主張している。そして三つ目のエピソードは「君主や群衆の他にも人間を支配するものはあります。ある種の感情もまた人を従わせる王者です」と書き出されている。その具体例としてあげているのは、国際的な企業経営者の息子が、ほかならぬロイ・フラーに恋して結婚を望んだが父親の反対にあって力ずくで世界旅行に出されたという話だ。恋愛感情がどれほど強く人間を支配するかという実例として、自分の恋物語を堂々と披露するところも彼女らしい。

このように、「回想記」の第十五章は、「君主たち」というタイトルどおり、本当の国王や王妃、皇帝、大公らのことを書き連ね、「その他の君主たち」という第十六章では、群衆や感情の力について比喩的に語っている。続く第十七章のタイトルには、philosophes（フランス語）、philosophers（英語）という普通なら、「哲学者」「思想家」とか「哲人」と訳したい単語が使われているが、その内容は、日本語なら「人生の達人」「悟りを開いた人」とでもすべきもので、次の言葉で始まっている。

「私は、民衆を支配することが役目である君主たちに何度も出会いました。時には、その最も偉大な君主よりもさらに強力だとさえ思える群衆の力も目にしました。それに比べて、すべての束縛から解放され自分なりの高みに身をおくことのできる人生の達人と会ったのはごくまれでした。彼らとの出会いは、最も誇り高い君主よりも、最も印象深い群衆よりも私には感動的でした」

この前置きに続いて四つのエピソードを紹介している。最初の舞台はロイ・フラーが一八九九年から数年間住んでいたパリ十六区パッシー地区の家だった。この辺りは現在も高級住宅街と言われていて、ロイの家も高い塀に囲まれた広い庭があり母親と二人の生活には広すぎるほどのお屋敷だった。

ある日、家の外から陽気な音楽が聞こえてきた。何事かと思って外へ出てみると、一組の男女の大道芸人がちょうど家の前に通りかかっていた。おぼつかない足取りでアコーディオンを奏でている男は盲目で、晴れやかな音楽には似つかわしくない哀れな様子だった。ロイが身体の不自由な母親にこの音楽を聞かせたいと思い、家の庭で演奏してほしいと頼むと彼らはこころよく承知してくれた。庭の木の下で男は昼食の時間まで演奏を続け、食事は済んだのかとたずねると前日から何も食べていないという返事だったので、昼食を共にすることにした。

＊

私たちは、食事をとりながら長い間話しました。彼は生まれながら盲目でした。彼に色の違いはわかるのかと尋ねますと、それはだめでした。それでも、少なくとも天気のよしあし、曇天か晴天かは容易に言うことができました。また、布地の風合いの違いを即座に感じとって値段まで言い当てることができました。そこで私は、彼の手に一輪のバラを置き、それが何かを尋ねてみました。彼は少しも躊躇しないで、花を鼻に近づけることもなく答えました。

「バラですね」。そして、指先を優しく花にあてて付け加えました。

「しかも、美しいバラです。とても美しい」

さらに、「もしかしたらマルメゾンかマレシャル・ニールか、それとも別の種類のバラなのかも」と、品種さえ当てるところでした。盲目の彼が「美しい」という言葉を繰り返したので、彼にとって何がこの世で一番美しいかと質問してみました。

「地上に存在する一番美しいもの、それは女性です」

そこで私は、ここに一緒にいる人は誰なのかを尋ねました。

彼はきっぱりとした口調で答えました。

「私の妻、いとしい妻です」

それを聞いて私は、盲目の音楽家に付き添っていた女、今まで目にも入らず、ほとんど一言も口を利かなかった女を改めて注意深く見ました。突然のことに、女は混乱し困惑した様子で、色あせてつぎはぎが目立つ青色のエプロンに眼を落としたままです。哀れな女は、ちょっとあり得ないほど醜く、しかも少なくとも連れ合いより二十歳は年上に見えました。私は知らぬ顔で、この不幸な女が充血し赤くなったまぶたの間から私に投げかける哀願の視線を無視して盲目の音楽家に尋ねました。

「だから、あなたは奥さんが大好きなのですね」

「もちろんです」

「彼女が美しいと思っていますか」

「とても美しいです」

「ほかの女たちより美しいのですか」

自分の闇の中を美しいもので満たしているように、この楽天家は答えました。

「そうは言いません。女性はみんな美しいからです。でも彼女が最高です。そう。他の誰よりよいのです。だから、私は彼女に最も純粋な美しさを感じるのです」

「あなたが、彼女が最高だと信じているのはなぜですか」

「それは、全部です。彼女の生き方の全部。私に尽くしてくれる彼女のすべてです」

彼の口調があまりにきっぱりとしているので、私は一瞬、彼が本当は眼が見えているると錯覚したほどです。


（『私の人生の十五年』第十七章から）

*

ロイは二人に、毎週日曜日には昼食に招待すると告げ、アメリカに巡業に出た後も使用人がこの約束を守って四年ほど続いたが、その後、姿を見せなくなった。ずいぶん弱っていった夫が亡くなり、妻の方は一人で来る勇気がなかったのだろうとロイは推測した。

二人目の「人生の達人」は、マルセイユの街で出会ったやはり盲目の物乞いだった。この男は二匹の犬と一緒に住んでいて、犬たちを本当に愛し頼りにもしていた。彼は悪性の熱病にかかって人生の途中で視力を失ったといい、かつては、美しい自然やきれいな娘たちを見たことがある。「そんなものを、もう見ることができないなんてどんなに悲しいだろう」と思い、ロイが気をつかいながらたずねると、その答えはこうだった。

「昔はたくさん美しいものを見て楽しんだものです。私はそれを大切に瞼の裏に焼き付けています。だから、いつでも望む時にそれを見ることができます。本当に眼の前にいるようにですよ。おわかりでしょう。こんな風に老いさらばえても、私の眼前によみがえる物は若い時そのままですから、私自身も若いままでいるような気がします。神様が私を生まれた時から盲目にすることを望まなかったことに心から感謝しています」

第三の「人生の達人」は、ロイ・フラーの家で働いていた通いの掃除婦だった。この女はのんだくれの亭主と六人の子供を抱えて生活に追われていた。三年前、アパートの隣室に住んでいた職工の女が脳卒中で倒れたという。身寄りのない貧乏な年寄りで誰も面倒を見る者はいない。愛すべき掃除婦は見るにみかねて、もしアパートの住人たちがこの中風患者が必要とする最低限の食料と日用品を提供してくれれば自分が彼女の世話をすると申し出た。その温かい親切心に影響されて他の住人たちも協力を約束した。その日から、この掃除婦は自分の激しい労働の時間をやりくりして患者の世話を続けた。掃除、炊事、洗濯。患者の病状はしだいに悪化して全身がマヒしてしまい、下の世話もしなければならなかったが、掃除婦はいつもニコニコと笑顔を絶やさず自分に頼り切っている患者の世話を陽気にこなしていた。

そんなある日、この掃除婦が珍しく大変遅刻してロイの家に来た。日ごろはとても几帳面だったので思わず掃除婦を叱りつけてしまい、しばらくすると、彼女がいつものように掃除をしながら泣いているのに気づいた。自分が叱責したのが原因かと思ったが、そうではなかった。この日朝、彼女がずっと面倒をみていたあの中風患者が息を引き取ったという。彼女が流していたのは、「あの可哀そうな人」に捧げる哀悼の涙だった。

そして、最後の達人は、北アイルランドで厳寒の二月に出会った少年だった。彼は裸足の小さな足で、ロイたちが乗り込んだ馬車を二キロも走って追いかけてきた。馬車が止まったらドアを開けて二、三ペンスのチップを貰おうとしていたのだ。彼の父親は水車小屋で働いていたが、厳しい寒さで操業できない時は、ほうきで道路を掃く除雪作業で小銭を稼いでいた。ロイは、彼らの貧乏ぶりを確認するために、その住居をわざわざ見に行ったという。

「それは完璧な貧困でした。恐るべき救いようのない貧困でした。でも、我が少年は馬車の後を駈けながら歌を口ずさんでいました。ちょうどその父親が雪をかきながら口笛を吹いていたように。貧窮は人間を育てる学校ではないでしょうか。人生を達観するための痛ましくも至高の学校だろうと思いました」

ロイ・フラーが「人生の達人」という言葉を使って称揚したのは、しかめ面をして高尚な哲学を論じる人たちではなく、いずれも社会の最底辺で苦闘しながらも、誰を恨むことも羨むこともなく人間としての気高い精神を持ち、しかも朗らかに生きている人たちだった。現代の視点からすれば、社会制度の矛盾など指摘すべき問題は多いだろう。しかし、社会階級の存在が一般には当然と考えられていた二十世紀初頭に、上流社会の最高位の王侯貴族とも、社会の最下層に位置づけられ教育もなく貧窮にあえぐ人たちとも、分け隔てなくつきあったことだけでも、彼女の清々しい振る舞いと言っていいだろう。

11　『私の人生の十五年』　母の死　ガブ　ダンス学校

ロイ・フラーの人生に話を戻すと、一九〇〇年パリ万国博覧会からの数年間が生涯でも最も充実した時期だった。多くの貴重な出会いに恵まれただけでなく、本業のダンサー、舞台美術家としても新しい技術を利用した小道具や舞台装置の改良に努めるなどの精進を怠らなかった。

この頃、ロイが考案した舞台セットの一例は、白い厚い幕を背景にして前面にはガーゼのような薄い幕をつるし、投光器から色のついた光線を照射し、前後の幕に映し出された映像の中でダンサーが踊るというものだった。ロイは、これによってペンキで描いた舞台装置を取り除くことができると考えた。

一九〇七年一月、ロイはこれらの技術を使った大掛かりな舞台をパリ・モンマルトルのイポドロームで実現させた。この施設名は、本来は古代ギリシャ・ローマの競馬・戦車競走場を意味するといい、西欧各国の大都市に同じ名称の娯楽施設があった。いわば豪華で巨大な常設サーカス小屋で、パリでは本物の象や馬が出演する見世物にも使われた。舞台となるピストは縦七十メートル、幅三十五メートルで観客席は五千もあったという。

ロイの舞台では、百二十人のエキストラが絶えず揺れ動きながら踊っている前でロイが六つのダンスを披露し不思議な光景を次々と描き出した。舞台上に咲いた花が海の底へ沈むと異様な植物が漂い怪物のような魚が通り過ぎる。ロイが魔王を呼び出すと、すべてが赤色に染まり地獄の業火が断罪された人々を焼き尽くした。それはダンスのパフォーマンスというよりスペクタクルの名に値するものだった。

批評は概ね好評で、その中には「あのロイ・フラーが光に関する自分の理論を実行に移した」「芸術家と詩人の想像力を駆使し、光を手段として六つの絵を描き出してみせた」というものがあり、ロイは「我が意を得た」思いだったに違いない。

しかし、ロイの公演ではよくあることだが、専門家の評価が高かったわりには興行としては成功しなかった。それでも、この斬新な舞台セットはロイにとって次の段階へのステップとなった。それは、友人でコメディー・フランセーズ総監督のジュール・クラレティから、この新しい舞台装置や道具を使って新約聖書に題材をとったサロメを再演するように勧められたからだ。

実はこの時期、パリではサロメに対する関心が高まっていた。それは、オスカー・ワイルドの脚本によるリヒャルト・シュトラウス作曲のオペラ『サロメ』が人気を集めていたうえに、より大衆的な『サロメの幻影』という劇の妖艶な演出が注目されていたからで、ロイも一八九五年以来十二年ぶりにサロメに挑戦しようと決意した。

前回の失敗の轍を踏まないようにと満を持して準備したのは、台本と伴奏音楽の制作を新しく若い詩人と作曲家に依頼した『サロメの悲劇』で、ロイ自身も振付け、衣装、舞台・照明デザインを引き受けた。全体のアレンジが複雑で調整に手間取って開幕日を何回も延期しなければならなかったが、一九〇七年十一月九日にとうとう初日を迎えた。

その日、パリの芸術劇場は芸術家や文芸界の有名人でいっぱいになり首相のジョルジュ・クレマンソーら政界の有力者もいた。「クジャクのダンス」では、本物のクジャクの羽根四十五本をあしらった衣装で観客の目を楽しませ、「蛇のダンス」では、緑色に光る鱗をまとった魔女が操る長さが百八十センチもある二匹の大蛇が恐ろし気に鎌首をもたげた。「恐怖のダンス」では、黒人の死刑執行人が予言者の首を大皿に載せて現れる。主人公のサロメが皿を受け取って踊り、その首を海中に投げ入れると血の色に燃え上がった。工夫をこらした照明の効果もあって、観客の女性たちは文字通り恐怖にふるえたという。

この舞台は概ね好評だったが、特にフェミニスト系の隔週刊誌フェミナの賛辞は熱烈だった。数枚のロイの写真を掲載し「新しいサロメ像を創り出すことに成功した」とたたえた。中、上層のブルジョワ女性が主な読者層だというフェミナが熱心にロイ・フラーを支持したのは、彼女のサロメに新時代の女性像を見出したためだと思われるが、ロイにこの新しいサロメの上演を勧めたクラレティも、ロイの創造に取り組む姿勢そのものに感慨を抱いた。彼はそのことを日刊紙ル・タンの一九〇七年十一月八日付の長い記事の中に書き、ロイの「回想記」に引用されている。

それは、クラレティがロイに招かれて『サロメの悲劇』の舞台稽古に立ち会った時の印象記で、「この間の夜、私は未来の演劇の光景、つまりフェミニストの演劇と言うべきものを目にした」と書き出されて次のように続く。

「女性は今や、男性のものとされてきた役割に進出し、いわゆる強い性を押しのけつつある。裁判所は女性弁護士であふれ、想像力や人間観察を働かせる文芸はやがて女性文学者のものになるだろう。堅物な男性が『女の医者は気に入らない』といくら声高に言おうと、医学の学位論文を出す女性は引きも切らず目覚ましいばかりだ。女性が影響力、実力のいずれでもさらに力を増すのは確実で、グラッドストンが言ったように『十九世紀が労働者の世紀』であるとすれば、二十世紀は女性の世紀になるだろう」

クラレティにこんな感想を抱かせたその夜のロイ・フラーは黒っぽい服装で鼻眼鏡をかけていた。その稽古の様子は、ロイが優れたプロデューサーで同時に舞台上の実働部隊の有能なリーダーであることを示していた。いらだちそうな状況の中でもロイは微笑を絶やさず、オーケストラや技術者に対して礼儀正しく的確に指示を与えていた。優しい「お願い」口調で周りの者たちを自分の思い通りに従わせるのは真の指導者の姿だった。

この一九〇七年から八年にかけて、ロイ・フラーにとって重大な二つの出来事が起きた。その一つは、ロイの「回想記」として紹介している『私の人生の十五年』を出版したことだ。そのきっかけは、今度もクラレティが熱心に勧めたことで、この時期、彼がロイ・フラーの人生で大きな役回りを果たしていたことがわかる。

彼女の自伝執筆の噂を伝え聞いたのか、当時のパリでよく知られた出版業者フェリックス・ジュバンが出版の契約を申し出た。ロイが記憶をたどって一冊の本になるだけの題材があるのかを確かめてみると、知り合いには多くの有名人と高貴な人たちがいて、その人たちのエピソードを書き連ねていけば十分刊行が可能だと判断した。そこでロイは出版の契約書にサインしたが、それは「一九〇七年十二月三十一日までに英語とフランス語の原稿を出版社に渡す」というものだった。実はこの契約を結んだ時には残り時間は二カ月を切っていたというから多忙なロイにとっては無謀なもので、実際に本人もすぐにこの契約を後悔したという。

十二月一日になっても英語の原稿さえ全部はできていなかったし、フランス語への翻訳は知人に依頼してやっと始まるところだった。ロイの体調は相変わらずすぐれず、ほとんど一日中寝ていて、『サロメの悲劇』に出演する時だけベッドを離れるというありさまだった。それなのに締め切りの一週間前に受け取った出版社からの手紙は「もし期日までに原稿ができなければ、貴女を缶詰にして原稿を書かせる」という厳しいものだった。驚いたロイは速記者を雇い、楽屋で着替えする間も口述筆記させて昼夜兼行で原稿を書いた。フランス語への翻訳も一人では手に負えず、十二月三十日には、ロイの友人たちが集まり、手分けして突貫作業でなんとか締め切りに間に合わせた。ところが、仕上がった原稿を出版社に渡すと、一冊の本にするには分量が足りないということで五十ページ分の追加原稿を要求され、ロイは翌一九〇八年二月初めまで、原稿の執筆を続けなければならなかった。

こうして『私の人生の十五年』は綱渡り的な経過をたどって完成し、同年十月にパリで出版される運びになるのだが、原稿の仕上げに追われた最後の日々は、かねてから病弱

図18　母親のデリラに寄りそうロイ・フラー

だった母親のデリラの衰弱が一気に進んだことでロイにとって特につらいものになった。母親の身を心配したロイは、有名なパスツール研究所にいた免疫学の権威のイリア・メチニコフにまで診察を依頼したが、結局、それも間に合わず肺炎を併発したデリラはロイが原稿を書き終えた翌日に息を引き取ったという。

デリラが一八五〇年に結婚した時には十九歳だったから、亡くなったのは七十六、七歳のはずで、当時としては長命だったがロイには大きな衝撃だった。この母は娘がダンサーとして活躍するようになってからは、ヨーロッパからアメリカにかけての巡業に常に付き添っていた。勝気で大胆な娘に対し母親はむしろ控えめで影のように娘を支えた。ロイがまだ十九歳の時、ニューヨークでサラ・ベルナールの特別公演を見るために、勇気を振りしぼって入場券を手に入れたエピソードを以前に紹介したが、この時、躊躇する母親を連れて劇場に出向いた娘のロイは「母はいつも私と一緒で、私の言うことはなんでもきいてくれます。従わなければならないのが自分のほうだなんて考えたこともありません」と書き残している。

目標に向かって突き進み、誰よりも自立しているように見えたロイ・フラーにとっても、いつでも彼女を肯定して優しく包み込んでくれた母親の存在は本人が思っていた以上に大きかったようだ。ある友人へは「母親と一緒にすべてのものが行ってしまいました。私自身がほとんど死んでいて、全神経が傷ついています」と書き送った。

母親を失い大きな悲しみを抱いていたロイが、人生の新しい局面に踏み出すのを支えたのはガブリエル・ブロックという女性だった。この人物はロイとは一心同体のような存在で、母親のデリラの存命中からロイのために大きな役割を果たしていた。やがてこの偉大なダンサーの最期も看取ることになるのだから、ここでその人物像をやや詳しく見ておこう。

愛称の「ガブ」で呼ばれることの多いガブリエルが最初にロイ・フラーに会ったのはまだ十四歳の時だった。ロイがパリのフォリー＝ベルジェールでデビューして間もない一八九三年、母親と一緒に評判のアメリカ人ダンサーの楽屋を訪問したようだ。裕福な銀行家の娘だったガブは、初対面でしかも年の離れた自分に対し、三十一歳のロイが親しげに「光」について説明し視覚と聴覚を比較し解説するのを聞いてその魅力のとりこになってしまった。翌週には、二人はまた会って年齢が十七も離れているのに気の合う友人のようになった。

二人の関係に理解のあったガブの母親が亡くなると一時疎遠になったが、成長して再会した後のガブは、ロイの舞台稽古に喜んで参加し新しい舞台効果を確かめる実験などにも積極的に協力した。そして、ガブが十八歳の時、ロイの南仏ニースの公演に同行すると二人はいっそう親密になり、しだいに単なる友人以上の存在になった。秘書の役目をこなす貴重な助言者であり、時には共同経営者としてロイの事業の責任を分担した。

ガブが常に男性のような黒っぽい服装をしていたことや、二人の親密ぶりから同性愛の関係だったとも言われる。この当時、同性愛者が世間からどのように見られたかよくわからないが、ロイに後ろめたさはなく、「回想記」の第二十二章は、「ガブ」というそのものずばりのタイトルで、彼女について詳しく語っている。その中で「ガブは本当に真面目です。彼女は眠たそうにさえ見える黒い長い眼をしています。歩く時には、その若さにもかかわらず足取りは大股でゆっくりしていますから、彼女が瞑想的でないとしても厳かで思慮深い性格に違いないという印象を与えます」と評している。その性格、生活態度などについても触れているが、ここでは一九〇二年のロイ・フラーの東欧巡業に同行した際に、あのイサドラ・ダンカンの目に映ったガブの人物像を紹介しておこう。

「ロイ・フラーの周囲にいる海の精や妖精や虹色をした幻影のような人々のなかに、黒のスーツ姿の場違いな人物がいた。彼女は内気で無口で、形のよい力強い顔に額から後ろへ黒い髪をまっすぐにとかし、悲しげで知性的な目をしていた。そして、いつも両手をスーツのポケットに突っ込んでいた。彼女は芸術に興味を持っていて、とくにロイ・フラーの踊りについて、雄弁に語ることができた。そして派手な色とりどりの蝶の群れの間を、古

図19　ロイ・フラーを支え続けたガブリエル・ブロック

代エジプトの甲虫のように歩き回っていた。私はすぐにこの人物に興味を持ったが、彼女はロイ・フラーに夢中で、すべての思いをロイに捧げていた。私に対するものは何も残っていないように見えた」（『魂の燃ゆるままに——イサドラ・ダンカン自伝』）

　このイサドラの自伝では、黒いスーツ姿の女性の名前は書いてないが、ガブのことに間違いなく、これを読んでみると、確かにロイとガブの関係に同性愛的な雰囲気も感じられる。いずれにしても、ロイの母親が死んだ後ではその親密度はいっそう深くなり、互いに信頼しあって他人にはうかがい知れない二人だけの関係を築いていった。

　母親を失った後のロイは、なにか大きな心境の変化があったのだろうか。舞台照明の研究も自ら踊ることもやめはしなかったが、自分の技術を磨くことよりも他人に教えることに集中し始めた。そして、彼女が少女たちに特に教えようとしたのは、従来のロイ・フラーのダンスとは少し違い、彼女が「自然のダンス」と呼ぶものだった。

一九〇八年秋、ロンドンでの公演を終えてパリに帰ったロイは念願のダンス学校を開いた。校舎として利用したのは、当時のフランス政府が教会への助成金を廃止したことで、宗教施設としての目的を放棄して安い賃料で貸し出された古い教会の建物だったという。最初の生徒は五歳から二十九歳の約五十人で、ロイはその教育と生徒劇団の公演レパートリーを充実することに専念した。

生徒劇団は一九〇九年二月、シャンゼリゼ通りに近いマリニー劇場でデビューした。演目はメンデルスゾーンの『真夏の夜の夢』の中の楽曲をロイがアレンジして伴奏に使ったダンスだった。招待客の中には、彫刻家のオーギュスト・ロダン、コメディー・フランセーズ総監督のジュール・クラレティらがいて、二人とも若いダンサーのパフォーマンスに感激して拍手を送った。特にロダンは、「古代のものもこれ以上美しくはありえない」という感想をロイに書き送った。

この年の夏になると、ロイは生徒劇団を引き連れてアメリカへ行く準備を始めた。しばらく前にニューヨークのメトロポリタン歌劇場の運営議長になったアメリカ人銀行家がパリに来ていて生徒劇団のニューヨーク公演を持ちかけたのだ。アメリカ最高の舞台ではあり、その条件はとても有利に思えたのでロイは喜んで契約にサインした。そして、九月一日には劇団を引率してニューヨークのホテルに着いていた。今回の主な公演先はニューヨークのメトロポリタン歌劇場とボストン・オペラハウスで、ロイはこのアメリカ巡業に大きな期待をかけていた。

しかし、その期待はあっさり裏切られた。歌劇場側が契約を破って公演開始時期を遅らせその期間も短縮したのだ。違約金は支払われたがロイが失ったものは大きかった。五十人の団員やスタッフを長い間、無為に過ごさすわけにはいかず、各地で短期間の公演を企てたがうまくいかなかった。十一月末になって、やっとメトロポリタン歌劇場で公演することができ、結果は概ね好評だったが看板ダンサーを引き抜かれたり、団員への給料の支払いが滞って有力なダンサーが辞めて別の興行師のもとへ去ったりして散々な結果だった。

一九一〇年の春、ロイは七、八人の団員を連れてアメリカ巡業を続けたが、もはや本格的な劇場やオペラハウスには出演できず、主な舞台は小さな演芸ホールだった。アメリカ東部を回った後、カナダ、メキシコ、キューバにも足を延ばしたという推測もあるが詳しいことはわからない。おそらく年末までにはパリに帰り、壊滅状態の生徒劇団の再建に全力を尽くしたと考えられる。

一九一一年初夏になると、努力のかいあって新しい劇団の陣容がほぼ整った。ほとんどが五〜十五歳の少女でイギリス人が多かった。先のアメリカ巡業で看板ダンサーを引き抜かれたのにこりたのか、今度はスターとなるソロ・ダンサーをつくらず集団演技で勝負することにした。団員の生徒にはピーチ、プラム、エンジェルなどの芸名をつけ、ロイは「私の赤ちゃん」「小さな娘」などと呼び、母親というより祖母のように愛情を注いだ。新劇団は一九一一年六月、四回のマチネーを皮切りに公演活動を始めた。

ロイ・フラーは五十歳近くになっていて、疲労が重なり心が折れることもあったはずだが、今や盟友と呼べるガブは三十歳をこえてすっかり頼れる存在になっていた。それに加えて、遥か遠方に離れていながらロイの心を慰め癒してくれる交友関係が復活した。一九〇二年春に出会ったルーマニアのマリー王太子妃との本格的な文通が約十年ぶりに再開したのだ。

一九一一年七月、ロイは巡業先のドイツのミュンヘンからマリー王太子妃に自分の生徒たちの写真を送った。これに対し、マリーはお礼の言葉とともにロイの次の巡業先であるスペインのマドリッドでの公演の成功を祈り、当時のスペイン王妃がイギリス出身でマリーのイトコだったことから「私は王妃に手紙を書いて、私とロイがどうやって知り合ったか、それ以来二人は会ってはいなくても互いに好意を持ち続けているのだと伝えてやりました」とロイに知らせてきた。

一九一三年春、マリー王太子妃は短期間パリに滞在した。この時は、ロイとはごく短い時間しか会えなかったが、ブカレストに戻ると長い手紙を送ってきた。そこには、「こうして何年もたってから再びお会いでき、お互いの気持ちが当時と少しも変っていないのを感じられたのは本当に嬉しいことです。まるで前日にお別れしたようでした」とあり、続けて、ロイのダンス学校の生徒劇団がブカレストで公演することになれば協力を惜しまないと約束してくれた。その後もロイとマリー王太子妃の文通は続き、マリーは自分の子供たちのこと、執筆中の童話、自分が従事している傷病ルーマニア兵の救援活動などを話題にした。

ロイ・フラーの生徒劇団は順調に活動を続けていて一九一四年一月、また巡業に出たが今度の行先はちょっと毛色が変わっていた。まずエジプトを目指しカイロで下船すると、そろってピラミッド見物に出かけた。スフィンクスの前で、ロイが両側に十五人の少女劇団員を従えて中央で両手を広げたり、一人で後姿を見せたりする写真が残されている。

二月になるとエジプトから地中海を挟んだギリシャに渡り、アテネ・スタジアムで開かれたバルカン戦争終結を祝う大掛かりなスペクタクルに出演した。国王が主宰した国家行事で、五万人の大観衆の前に立つのは名誉なことだった。同行していたガブによると、ロイの演出によってその大きな舞台上に古代ギリシャのニケの像が魔法のように蘇えると大観衆の間に衝撃が走ったという。

実はこの旅の最終目的地はルーマニアの首都のブカレストだった。前年の春、パリで再会したマリー王太子妃との約束に従って、もう一度、マリーのおひざ元で公演するためだった。地中海沿岸から列車で北上するロイの胸は、マリーの王宮でダンスを踊った十二年前の思い出とそこを再訪する喜びでいっぱいだったはずだが、途中でマリーから残念な電報が届いた。そこには「王家の一員が亡くなり服喪中のためリハーサルにしか出席できない。それでもあなたに会いたいです」とあった。だから、ロイはマリー王太子妃と出会ったはずだが、打ち解けてゆっくり話し合う時間はなかったようで特別な記録は残されていない。

パリに戻ったロイ・フラー劇団は、五月には中心街のシャトレ劇場で一カ月間ほどの公演を打った。そして、フランス最大の祝日「革命記念日」前夜の七月十三日には、ポワンカレ大統領夫人が官邸のエリゼ宮で催した華やかな夜会に出演して存在感を示した。ロイ・フラー本人は、その祝日の七月十四日、エッフェル塔の最上階に集まった天文学者や科学者の前でエジプト仕込みの「太陽のダンス」を踊ったという。この日は、日中の最高気温が三十度に迫る初夏らしい好天だったから、踊る方も見る方も、さぞ晴れやかな祭り気分だったことだろう。

ほぼ二週間前にオーストリア皇太子がサラエボで暗殺されて国際情勢には暗雲がたちこめていたが、パリの街にはこの時点では緊迫した雰囲気はなかった。しかし、事態は急速にしかも最悪の方向に進んでいった。七月二十八日、オーストリアがセルビアに宣戦すると、ドイツが八月一日にはロシアに、次いで八月三日にはフランスに宣戦し、同日、フランスもドイツに宣戦布告した。第一次世界大戦が始まり、ロイ・フラーの運命は否応なく戦争に巻き込まれることになる。

12　第一次世界大戦

一九一四年夏に始まった第一次世界大戦は、ヨーロッパを中心に何千万もの人々の運命を変えたが、ロイ・フラーもまたこの戦争によって人生を狂わされてしまった。ダンサーとしての主な舞台をそれまでのヨーロッパからアメリカに移すことを余儀なくされたうえに、精魂傾けてきたダンサーとしての営為が、大戦によって彼女に降りかかった別の活動に対して従属的にならざるを得なかった。

大きなエネルギーを注ぐことになった新しい活動は二つあり、一つは戦禍に苦しむフランスやベルギーを、そして後にはマリー王妃（一九一四年十月、夫のフェルディナンド一世の国王即位に伴い王妃となった）のルーマニアを援助する慈善事業であり、二つ目はフランスの文化、特に彫刻家オーギュスト・ロダンの芸術をアメリカで普及する活動だった。

ロイのこの二つの活動を主に助けたのはサンフランシスコの大富豪夫人アルマ・スプレックルズだった。ロイは楽天的で好奇心が強く、前後を顧みずに新しいことに手を出す

図20　アルマ・スプレックルズ

けれども、経済観念が乏しいために破たんすることが多い。それでも、彼女の理想に共感しその事業に協力しようという資産家がうまく現れるのは不思議なことで、ロイ・フラーの人徳としか言いようがないのだが、このアルマはそんなスポンサーの中でも最強の一人だった。

彼女は一八八一年三月にサンフランシスコ郊外の農園で生まれたから、ロイ・フラーより十九歳若い。両親はデンマーク出身の貧しい農民だったが、先祖をたどると大革命から逃れたフランス貴族に行き着くといい、彼女は終生それを誇りにしていた。成長すると人目をひく美しい女性となり、モデルなどを経験したあと砂糖事業で莫大な財産を築き「砂糖王」と呼ばれたサンフランシスコの大富豪で二十四歳年上のアドルフ・スプレックルズと結婚した。身長が六フィート（約一八〇センチ）もあり、性格もおおらかで大胆だったから、ビッグ・アルマと愛称された。

エネルギーにあふれたアルマは社会事業に専心したが、それだけではあきたらずサンフランシスコ中心街のワシントン通りにこの都市で最も印象的だと評判になった大邸宅スプレックルズ・マンションを建てると、自分の部屋を十八世紀ヨーロッパの優美な家具で飾りたいと考えた。フランス貴族の血を引くという自負がそう思わせたのかもしれない。

一九一四年春、アルマはパリに買い物旅行に出かけた。フランス語が話せずパリの街にも不案内なアルマのために、夫のアドルフはニューヨークの美術商のパリの代理人に妻の世話をするように依頼していた。この代理人が豪華なレストランでアルマの歓迎ディナーを開き、何人かの有名人を招いた中にロイ・フラーがいた。客たちが話すフランス語を理解できず居心地の悪い思いをしていたアルマは、同国人で気さくに話しかけるロイと打ち解けて会話を楽しんだ。

この時、二人は五十二歳と三十三歳。ロイは若いアルマの芸術に対する関心と、おそらく彼女の富に注目した。アルマのパリ滞在中、二人は連絡をとりあい、ロイはアルマに「何か偉大なことを成し遂げるのがあなたの運命だ」と言い、さらに「アンティークの家具だけでなく、現代作家の作品も集めるべきだ」と説得して、特に敬愛する彫刻家オーギュスト・ロダンの作品の収集を強く勧めた。そして、アルマを連れてパリ市内のロダンの家や郊外のムードンのアトリエにも行ったが巨匠は不在だった。アルマがアメリカへ帰る途中、ロンドンに渡ったあとでやっとロダンが見つかると、彼女を電報で呼び戻しムードンのアトリエで二人を会わせた。アルマの人生はこれをきっかけにロダンと密接に結びつくことになる。

アルマがアメリカに帰って間もない一九一四年八月三日、ドイツとフランスが相互に宣戦布告してヨーロッパは一気に戦時体制になった。ロイがダンス学校の生徒劇団のために期待していたオーストリアやドイツでの巡業は問題外で、中立国のスイスでさえ娯楽施設を無期限に閉鎖したため予定していた公演がキャンセルされた。活動の舞台をアメリカに移さざるを得なくなったロイが期待したのは、アルマの住むサンフランシスコで一九一五年に開かれる万国博覧会への出演で、幸いにも前年の九月には、その出演契約を結ぶことができた。

図21　パナマ・太平洋博覧会のフェスティバルホール

この博覧会の正式名称は「パナマ・太平洋万国博覧会」で、パナマ運河の開通（一九一四年八月）と太平洋発見四百年を記念して一九一五年二月から十二月まで開かれた。高さ百三十メートルの「宝石の塔」がライトアップされて人気を呼び、フォードの自動車組み立てラインも展示されてアメリカの科学技術と工業の発展を誇示した。会場とニューヨークを結んだ電話回線も人気を集め、戦禍に苦しむヨーロッパをよそに約千九百万人が入場した。

この万国博を前にして一九一四年秋のロイ・フラーは多忙だった。サンフランシスコへ派遣する生徒団員の選抜や舞台装置、照明道具などの発送準備を急がねばならず、また、万国博に展示してその後でアルマ・スプレックルズに譲渡する予定のロダンの作品を入手する必要があった。居場所がわからなかったロダンがイタリアにいることがわかるとロイはローマまで出向き、「考える人」「青銅時代」など六つの作品を買い取る契約を結び、これらの作品は実際に万国博に展示することができた。

パリに戻ったロイは、今度は、フランスとベルギーの戦傷兵士のための救援活動を本格的に始めた。彼女のプランでは、ロダンをはじめとする著名人にサイン入りの写真や著書を寄贈してもらい、アメリカに運んで売却したり募金活動の賞品にする計画だった。友人の天文学者カミーユ・フラマリオン、作家のピエール・ロチや著名なエジプト学者らがロイの呼びかけに応じて著書を提供し全部で一万冊が集まったという。ベルギー国王アルベール一世のサイン入りの油絵も手に入れた。

ロイは、レイモン・ポワンカレ大統領の夫人にも手紙を書き、自分の活動は単に兵士のためばかりでなく、苦境にある画家、彫刻家、作家、音楽家などの芸術家とその家族のためでもあると説明し、大統領と夫人の写真とサインを求めた。ついでにアルマ・スプレックルズを「アメリカの砂糖王の妻で私の活動の支援者であり、フランス貴族の血を引いていて心の奥底ではフランス人です」と紹介しておいた。大統領夫人はこころよく協力を約束しロイと生徒たちを官邸のエリゼ宮に招いたという。

この当時、多忙なロイやガブを助けて、ダンス学校の生徒の世話や生徒劇団の運営を支えていたのは、アメリカ人実業家で老境にあったナザン・ファン・ベイルと若い妻のアニエスだった。大戦の戦況が深刻になると、見かけによらず血の気の多いロイの秘書役のガブは自ら志願して前線の救急活動のボランティアに出てしまい、ファン・ベイル夫妻が学校と劇団の実質的な責任者になったようだ。そして一九一五年初め、アニエス・ベイル夫人が生徒劇団を率いてロイより一足早くアメリカに渡った。ロイ自身は資金繰りに頭を悩ませたり、体調を崩したりして出発が遅れたらしいが、三月にはサンフランシスコに到着し、近くのオークランドで、新しい市立会館のオープンを祝うための地元の少女たちによる野外劇の指導をしながら、万国博公演の準備を進めた。

一九一五年六月一日、いよいよ万国博会場のフェスティバルホールで、オークランドの少女たちも加わってロイ・フラー劇団のパフォーマンスが披露された。観客は市内の有名人や芸術愛好家を含む三千五百人で、地元の新聞は「世界的なダンサーとその門下の美しい少女たちが音楽の名品をダンスの動きに変えて演じ、新しい舞踏の創造を成し遂げた」

と報じた。フェスティバルホールでは四回の公演があり、その後、ロサンゼルスでも上演したようだ。ロイはさらにアメリカ西海岸一帯で戦争犠牲者のためのチャリティー公演を続ける一方で、アルマとともにフランスから持ち込んだ有名人のサイン入りの本や写真を売る活動にも熱を入れた。

ロイとアルマの努力は実を結び、十二月五日付のパリの日刊紙フィガロには「かねてから我々への献身を惜しまないアルマ・ブレットビル・スプレックルズ夫人とミス　ロイ・フラーは、先ごろサンフランシスコのコロンビア劇場での公演収益八千八百フランをフランスの慈善団体に送金してくれた。二人は今月、フランスとベルギーの戦争犠牲者の遺族のためのトンボラを開催する」という記事が載った。続いて翌一九一六年一月にもアルマとロイの義援金に関する別の二本の記事が掲載されている。

ところで、記事に載ったトンボラというのは、アルマが効率的な募金の方法として思いついた大掛かりな福引で、賞品はロイやアルマが持ち寄った物品のほかに、アルマの夫は競走馬を、自動車王ヘンリー・フォードはT型フォードを提供し、ピアノやミシンなどもあった。中でも最大の目玉賞品はオーストラリア産の巨大な黒いオパールだった。応募券は一枚一ドルで、抽選日までに一万八千枚を売り切ったという。

ロイは一九一六年一月、劇団員の少女たちをアメリカからロンドンに送り返し間もなく自分もヨーロッパに戻った。その後はフランスとイギリスを行き来し、ロンドンでは劇団のために有利な出演先を見つけるのに心を砕いた。また、パリではドイツの飛行船が爆弾を落とした夜、地面が震えるのを実際に経験した。戦争の恐怖をパリ市民と共有したロイは、照明の専門家として飛行船攻撃からパリを守る方法を考案した。すぐに行動に移さないと気の済まない彼女は、その計画を十六ページのレポートにまとめスケッチも添えてフランスの陸軍将校に渡した。彼女のアイデアを簡単に言うと、敵飛行船の接近を集音器を使って探知し強力なサーチライトを飛行船に照射して乗組員の目をくらますというものだった。

一九一六年八月、大戦の戦局だけでなくロイ・フラーの運命にも少なからず影響する出来事があった。マリー王妃のルーマニアが二年間の局外中立を放棄してイギリス・フランスなどの連合国側に立ってオーストリアに宣戦布告したのだ。しかし、強力な敵軍の前にルーマニア軍は敗走を続け、四カ月足らずで首都のブカレストは占領され、ルーマニア政府と王室はロシア国境に近いヤシという街に疎開した。

こんな戦況を心配したロイは、マリー王妃にあてて援助を申し出る手紙を何通も出していたが返事はなく、一九一七年になってやっと一通の手紙が届いた。それは前年の十一月二十三日付で、マリーがまだブカレストの王宮にいた時に書いて疎開先のヤシでイギリス人将校に渡し、その将校がパリに帰って来てロイに渡したものだった。

手紙の内容は悲痛なもので、マリーは自分の国を侵略されただけでなく、まだ幼い末っ子を伝染病で失うという不幸に見舞われていた。「私は涙でいっぱいの眼を大きく見開き、恐ろしい出来事の前で立ちすくんでいます」とあり、ブカレストの王宮を百二十床の病院に変えて王妃自ら傷病者の看護にあたったことも書かれていた。マリーは王妃の誇りを捨てたかのように「ロイ、私たちはあらゆる方面からの援助を待ち望んでいます」といい、「この数枚の手紙に私の心を込めました。それは限られた人にしかしないことです」と結ばれていた。ロイは、あのマリーが幼子のように心の底から自分に助けを求めていることに感動した。

こうなれば行動に移すしかない。当初は直接ルーマニアに行くことを考えたが同行を期待したアメリカ人の都合がつかず、ロイ自身も気管支炎で二カ月も寝込んでしまい不可能になった。病気から快復した時、マリーが本当に必要な物と資金を集めるためにはやはりアメリカへ行くべきだと考え直した。出発する前にパリのルーマニア公使館に行って「アメリカへ行って、あなたのためにベストを尽くします」というマリー王妃あての手紙を託した。

次いでアメリカ大使館へ行ったロイは、その前日（一九一七年四月六日）にアメリカがついに参戦したというニュースを知らされた。合衆国はもはや中立ではないのだから仲間の交戦国に資金援助するのは当然で、ルーマニアこそ資格があると考えたロイは、ウィルソン大統領の夫人にタイプで打った十二ページの手紙を送った。そこにはマリー王妃からの手紙も引用し、王妃と自分の友情についても説明してルーマニアの救済を訴えた。

五月、ドイツの潜水艦Uボートの出没する大西洋を越えてニューヨークに着いたロイはすぐに首都ワシントンに向かった。ちょうど、赤十字の代表者たちが全国大会を開いていたのでそこで演説することを望んだが、すでにプログラムは確定していて不可能だった。それでもロイはめげずに赤十字や連邦政府の職員にルーマニア救済委員会を組織するように働きかけた。そして、数週間にわたって各地を回って努力した結果、ルーマニアのマリー王妃に「赤十字の地方組織がしかるべき額を、全国組織が七十万ドルを送金する運びになるだろう」と電報で知らせた。

七月になって、サンフランシスコに来ていたロイ・フラーは、さらに約八百キロ北のポートランドへ行き、サミュエル・ヒルという実業家に会った。この人物はロイより五歳年長で、簡単にサム・ヒルと呼ばれることが多い。法律家の出身で、アメリカ北西部の鉄道事業、道路建設などで活躍していた。二人は数年前にアルマ・スプレックルズの紹介で知り合い、いずれもアメリカ人らしいさっぱりした気性でウマが合ったのか、心を許しあう親密な関係になっていた。この時も、サム・ヒルをルーマニア救済運動で一肌脱がせようと考えたロイの方から面会を求めたらしい。

用件が済むと、サムはロイをポートランドからコロンビア川を約百六十キロ遡ったメアリーヒルという場所に案内した。サムはこの一帯の開発を計画していて手始めに城のような大邸宅を建設中だった。それはコロンビア川を見下ろす河岸段丘の上に建っていて、川の向こう側は南の方へオレゴンの砂漠のような乾燥地帯が波打つように地平線まで続いていた。息をのむような景観だったが、ロイは建物の方に関心があった。壁はコンクリートで打たれて屋根もできていたが内装にはまだ手がつけられていない。「完璧な美術館になる」と感じたロイの熱心な説得の結果、サムは「私はワシントン州メアリーヒルのシャトーを大衆のための美術館にする決心をした」というメモをタイプで打ってロイに渡した。

八月になると、ロイはやはりフランス、ルーマニア救援活動の一環として、五大湖の一つエリー湖沿いのクリーブランドの美術館に行った。そこで「ロダンとリビエール」「美しいルーマニア」と題するスライド幻燈付きの講演をすると地元の美術愛好家らの間で好評だった。この美術館は開館してまだ日が浅く、これからコレクションを充実する必要があった。これを知ったロイは、講演でも取り上げたフランスの彫刻家で一九一二年に五十五歳で死去したテオドール・リビエールの多くの作品を自分が所持していること、それを同美術館に貸し出しやがては寄贈することもできると、美術館側に持ちかけた。そして、そのための資金として美術館の役員に連帯保証人になってもらい九千ドルを銀行から借りたらしい。

この間のいきさつも、その後の経過も複雑で真相はよくわからないが、いずれにしても、ロイは約束通りに借金の返済ができず銀行や保証人との間のトラブルに苦しむことになる。この問題が最終的に解決したのは四年後のことで、ロイに代わって借金を返済したのはサム・ヒルだった。この気のいいアメリカ人富豪は、ロイの活動を援助しただけでなく救いの神にもなったわけだ。

一九一七年の秋、パリに帰っていたロイに悲報がもたらされた。敬愛してやまなかった彫刻家のオーギュスト・ロダンが十一月十七日、七十七歳で死去したのだ。そのニュースにロイは打ちのめされ、心の底からの悲しみを一編の詩にまとめ乱れる筆で書きつづった。「私たちは偉大な創造者を失ってしまった」。長い間、さまざまな曲折を織りまぜながら敬意と愛情を抱いて交際を重ねてきた「マスター」の死によって、自分自身の一部をもぎ取られたような喪失感を味わった。ロダンは一週間後にパリ郊外ムードンの自宅兼アトリエの庭に埋葬された。もう冬になったような寒い日で、参列したロイ・フラーは「看護婦と救世軍の制服を合わせたような」奇妙な服装だったという。

ロイの盟友のガブはこの時期もベルギー国内のドイツ軍非占領地域の病院で戦傷兵士の救援活動をしていて、ロイはその救急車の購入費用を支援したこともある。この救援活動の主唱者はベルギーのエリザベート王妃で、ロイが拠点病院や他の前線施設を訪問すると、王妃の侍女は「ロイ・フラーこそ私たちの活動の本当の目撃者だ」とたたえた。そして、ロイの活動を強く支持し個人的にも親密な関係を結んだのは国王アルベール一世の姉のアンリエット・バンドーム公爵夫人だった。アンリエットのパリの邸宅で募金のための集会が開かれたとき、ロイが芝生に立って「アメリカに帰り、講演活動をして多くの資金を集める」と熱弁をふるうと、アンリエットは感激してロイを励ます手紙を送った。

こうして、再びアメリカへ渡る準備をしているロイ・フラーに新しいパスポートが支給された。ロイはアメリカ人だから、パリのアメリカ大使館が発行したのだろう。それには、「年齢四十九歳、身長五フィート二インチ〈一五七センチ〉、額並、眼青、鼻上向き、口並、顎丸、髪濃褐色、肌色白」となっていた。この時、ロイの実際の年齢は五十六歳だったのだから、当時のパスポートがどれだけ厳密につくられていたのかいささか疑問が残る。

一九一八年春、ロイはニューヨークに渡ったが気管支炎のためにそのまま二週間もホテルで寝込んでしまった。病気から快復してサンフランシスコに着いた時には六月になっていた。久しぶりにアルマ・スプレックルズに会って元気を取り戻したロイは、フランス、ベルギー、ルーマニアに対する救援募金活動、つまり講演旅行に力を入れるはずだったがうまく進まなかった。「フランスとベルギーの当局は、両国の戦争にかかわる職務に関して、両国人以外の者に公式の使命を与えるのは不可能だ」と知らされたのだ。また、アルマの方でも、西部各地のロータリークラブと組んで、人が多く集まる場所に募金箱代わりのミルク瓶を置いて、ベルギーの孤児のための資金集めをしていたが、これも、アメリカ駐在のベルギー公使が介入して活動から手を引くように求められた。

アルマは、ベルギーのエリザベート王妃の側近に手紙を送り、「私がこの活動をしたのはロイ・フラーが好きだったからです。私は王妃陛下を尊敬していて貧しいベルギー人と幼い子供たちのために何かしようと望んだだけです」と抗議した。ロイは、「アルマの慈善活動が成功しすぎたためにジェラシーを引き起こした」と思っていたが、官僚たちは民間人が高貴な王族と直接取引し、自分たちの頭越しに活動が進むのを不快に思い、二人を「でしゃばり」扱いにしたらしい。

嫌気がさしたアルマは慈善活動から手をひき、かねてから心に温めていたサンフランシスコに立派な美術館を開設するという夢の実現に専念することにした。ロイはなおも活動を進めようとしたが、やはり官僚の抵抗は強かった。さすがに愛想が尽きて、ガブに手紙を送り「すべてを悪魔のもとに送ってしまいたい気分です。私は自分で費用を負担して一生懸命に働いたのに、こんな形でしか報いられないのです」と嘆いた。

しかし、ロイの嘆きやフラストレーションを一挙に吹き飛ばすように事態は動いた。一九一八年十一月十一日、第一次世界大戦はイギリス、フランス、アメリカなど連合国側の勝利で終結した。

13 王妃の物語『命のユリ』

一九一八年十一月、四年間にわたってヨーロッパを戦乱の渦に巻き込んだ第一次世界大戦が終わった。ロイ・フラーは十二月には、ニューヨークからイギリスのリバプールに向かう汽船に乗りこんでいた。ルーマニアの運命を心配していたロイは、船内でパリ講和会議の取材に行くアメリカ人記者たちに会い、その中には社会主義者のように王室に対して敵意をもっている者がいると知ると「ルーマニアのマリー王妃は心の底では民主的です」と説いて回った。

ロンドンに着き中心街の高級ホテルに止宿したロイは、やはりパリ講和会議に向かう途中でロンドンに立ち寄ったアメリカのウィルソン大統領夫妻が、賓客として国王、王妃と同じ馬車に乗って通り過ぎるのをホテルの窓から誇らしく眺めた。世界中の人々と同じように彼女もまた、ウィルソン大統領が正義をおこない新しい平和を築いてくれるものと期待していた。

一九一九年一月、フランスに戻ったロイは、親密な間柄になっていたベルギーのアンリエット・バンドーム公爵夫人に会うために彼女が滞在していた南仏のカンヌに行き、そこで風邪をこじらせて三週間も寝込んでしまった。寝台車でパリに戻ってからもしばらくホテルのベッドから離れられなかった。

このころ、ルーマニアのマリー王妃もパリに来ていた。プライベートの訪問ではなく、講和会議に出席する各国の代表と会って会議をルーマニアに有利な方向に導くための王室外交を展開していた。美しく聡明なうえにイギリスのビクトリア女王の孫娘で、戦時中には国民と苦難を共にしたことが知られていたから、メディアは「戦士王妃」としてマリーを持ち上げ、外交交渉でも社交界でも重要人物とされた。この戦後処理の中でルーマニアは結果的に国土を大きく広げることに成功し、そこにはマリー王妃の影響力も働いたと言われている。

マリー王妃はパリで多忙な日々を送っていたが、ロイ・フラーのことも忘れてはいなかった。彼女が病床にあって動けないのを知ると、当時としては異例なことだが王妃の方からホテルにロイを訪ねてきた。二人にとっては苦難に満ちた大戦をはさんでの久しぶりの再会で積もる話は山ほどあった。懸案のルーマニアに対する食糧支援も話題になった。

そこへ、やはりパリに滞在していたアメリカ人富豪のサミュエル・ヒルが訪ねて来た。

通称サム・ヒルは、実は一八九三年に自分の関係する鉄道会社の社債をヨーロッパの王族に売り込みに来ていて、ビクトリア女王の紹介でその孫娘のマリーに会ったことがあるらしい。そんな縁からか、大戦中にはロイと協力してルーマニア支援に力を注いだから、王妃はパリで彼に会えたことを大いに喜び信頼関係はいっそう深まった。そしてサム・ヒルはこの後、王妃を追いかけるようにルーマニアを訪問したようだ。

マリーはロイとの別れ際に、これまでの援助に対する感謝の気持ちを表すために二つの覚書を与えた。一つは、ルーマニア十字架をあしらった特別な制服をつくる許可証で、もう一通はマリー自身が執筆した文芸作品を舞台やスクリーン用に制作・上演する権限だった。その覚書を受け取ってロイの頭にまっさきに浮かんだのは、マリーが幼い娘のために書いた『命のユリ』という物語で、そのあらすじは次のようなものだった。

……ある王宮に姉妹の王女がいて、姉姫のモラはハンサムな王子と愛し合っていた。実は、妹のコロナも内心ではその王子を恋い慕っていた。王子が病気になって命が危うくなると、コロナ姫はこの病気を治す魔法のユリの花を探して旅に出る。長い危険な旅の末にコロナ姫がそのユリを持ち帰ると、その花のおかげで王子は助かってモラと結婚するが、妹のコロナは傷心のあまり死んでしまう……

マリーが心を込めて紡いだ物語を自分の手で美しい舞踊劇に仕上げることができれば、

不思議なものに見られがちな王妃とダンサーの友情の確固とした証になるはずだった。ロイは、すぐにもその仕事を進めたかったが体調が思うにまかせない。一九二〇年春になって、やっと健康を取り戻したロイはホテルを出てガブの広いアパルトマンに身を寄せ、『命のユリ』の舞台化作業に専念した。物語をもとに脚本を練り上げ、音楽とダンスの振付けを考え、舞台装置や衣装をつくって照明方法にも念を入れた。演出には工夫をこらし、例えば、コロナ姫の苦難を象徴するために、光り輝く蛇たちが互いに結び合って橋を架け、その上をコロナ姫が渡って魔法のユリにたどり着く場面などを考え出し、ようやく完成にこぎつけた。

パリでの再会以来、ロイとマリー王妃はひんぱんに手紙のやり取りをしていた。その中でマリーは、母親の病気や自分の意思に従わない息子のことなど、個人的な悩みをも打ち明け、最近、サム・ヒルが訪問してくれたことを喜び、彼との出会いが大きな慰めとなったと伝えた。また、「私たちの劇が本当に日の目を見るのかとても心配です」とも言っていたが、ロイは着々と準備を進め、『命のユリ』の初演の舞台として、世界最高と言っていいパリ・オペラ座を確保し、これを聞いたマリー王妃も出席を約束した。

一九二〇年七月一日。この日はロイ・フラーにとって、ダンサーというより舞台芸術家として栄光に満ちた一日になった。翌七月二日付の日刊紙フィガロは一面の真ん中に百二十行に及ぶ長文の記事を載せて、前夜のオペラ座の模様を詳しく伝えた。

それによると、マリー王妃は娘のエリサベータ、マリア、イレアナの三人の王女や侍女たちとともに正面の貴賓席につき、第一次大戦のフランスの英雄ペタン元帥が招かれて王妃と同席し、イタリア、アメリカ、ベルギー大使、ルーマニア公使をはじめ、ヨーロッパの各国の外交使節も列席した。記事はさらに、『命のユリ』の原作者がマリー王妃で、彼女の左側に座っているイレアナ王女が病気の時に、その娘を慰めるためにつくったことを紹介し、熱心に舞台に見入る王女の様子を描写した。そして、「最後の一幕が終わると、王妃はロイ・フラー夫人に対し心からのお祝いと感謝を伝え、群衆の歓呼の中を馬車に乗り込んだ」と締めくくった。

パリの他の新聞もこのニュースを報じ、プチ・パリジャン紙は「マリー王妃は賓客として歓迎されただけでなく、劇作家としての拍手を浴びた。その拍手は王妃にとって心地よく、オペラ座でのデビューはよい思い出になるのだろう」と書いた。さらに、アメリカのニューヨーク・タイムズも「ルーマニアのマリー王妃は、自分が書いたおとぎ話がロイ・フラーと彼女の生徒たちによって本当の魔法に変えられるのを見た」「それは大戦以後、オペラ座の最も華やかな夜だった」と伝えた。

この一九二〇年の夏、パリにはもう一人、ロイの大切な友人であるサンフランシスコのアルマ・スプレックルズが来ていた。アルマは大戦中にフランスやベルギー救援のために注いだ自分の努力が正当に評価されていないことに不満を感じ、今では慈善活動より美術館建設計画に集中していた。すでに夫の「砂糖王」アドルフ・スプレックルズを説得して、サンフランシスコ湾と金門橋を見渡せる高台に美術館用地を確保していた。そこに建てるのは、五年前のパナマ・太平洋万国博覧会でフランスのパビリオンになっていて、アルマがすっかり気に入っていたのと同じ形の建物だった。それは、パリのセーヌ川沿いにあるレジオン・ドヌール宮を模して四分の三に縮小したもので、名称は英語に直訳してリージョン・オブ・オナー美術館になるはずだった。

アルマがパリに着いて間もない五月下旬、フランス芸術界で権威のある国民美術協会が大戦中のフランスの芸術保護に関するアルマの貢献をたたえて、グラン・パレでレセプションを開いた。かねて、自分の戦時中の慈善活動が軽視されていると感じていたアルマにとっては、心慰められるひとときだったことだろう。

アルマは夏の間ずっとパリにとどまり、自分の美術館のための芸術作品の収集に奔走し、ロイの助けも借りてフランス政府からも多くの作品を買いあげた。また、ロイの友人の芸術家たちの人気を集めたが、それは彼女の魅力的な人柄だけでなく、彼女自身が金離れのいい「美術品市場」だったからだ。

アルマがアメリカに帰った後の一九二〇年から翌一九二一年にかけての秋と冬を、ロイはガブリエル・ブロック（今では、ガブ・ソレールと名乗っていた）とともに、『命のユリ』を今度は映画化することに専念した。ロイは初め、この映画製作を物語の原作者のマリー王妃の監修のもとでおこない、並の娯楽映画とは違うことを印象づけたかったが、ルーマニア政府が強硬に反対したため自分たちでつくるしかなかった。マリー王妃とも親しい友人のサム・ヒルが経済的な援助をしたらしい。

アメリカの発明王エジソンやフランスのリュミエール兄弟が初期の映画技術を開発した一八九〇年代は、ちょうどロイ・フラーがサーペンタイン・ダンスで新しい舞台芸術を生み出した時期と重なる。明るい電気照明を浴びて渦巻くように踊る姿は映画の格好の素材と思われたが、ロイは当時の撮影技術では自分のパフォーマンスの本質はとらえられないと考え、撮影対象になることには消極的だった。したがって、初期のサーペンタイン・ダンスとして伝えられている動画のモデルはほとんどがロイ・フラー本人ではない。

しかし、第一次世界大戦中から戦後になると、映画の撮影技術は急速に進歩して大衆娯楽としての地位は確かなものになった。ロイは、映画に対する認識を改め、自分とマリー王妃の友情の結晶である『命のユリ』を、舞台だけでなくスクリーンにも登場させ広く一般大衆に見せたいと望んだようだ。

ロイとガブは、まったく経験のないままに映画『命のユリ』の撮影を始めた。特に舞台上で強い照明を浴び続けて視力が弱っていたロイは、スクリーン上の激しい光の明滅が悪影響を及ぼすことを恐れてほとんど映画を見たことがなかったから、まったくの手探り状態だった。しかし幸いなことに、当時のフランス最大の映画製作者で配給業者でもあったレオン・ゴモンと知り合いだったおかげで撮影設備・機器や専門知識を手に入れることができた。もっとも、ロイはその専門知識にあきたらず自分でさまざまな工夫をした。

映画の原理は、フィルムに高速度で連続撮影された一連の静止画像（写真）を映写機でスクリーンに投影して被写体の「形と動き」を再現することだという。言い換えると、光の明暗によって「形と動き」を白い幕の上に再現することになる。考えてみれば、映画の発明以前から電気照明を使って光と影の映像を舞台上に描くことに心血を注いできたのがロイ・フラーだから、彼女こそがこの分野のパイオニアと言っていい。たとえ撮影機材や装置の扱いには不慣れだったとしても、光の性質を知り抜いていたからこの映画製作の仕事も若々しい情熱も持って進めたはずだ。

『命のユリ』の撮影は、屋外シーンは南仏のニースで、屋内シーンはパリのゴモン・スタジオでおこなわれた。ロイは発明の才を発揮し、あるシーンの動きをスローモーションにすれば効果的だと考えると、出演していた自分のダンス学校の生徒たちにできるだけゆっくり歩くように、一方でカメラマンにはできるだけ早くクランクをまわすように指示した。また、照明についても、スタジオ全体を明るくするより集中的に照明するのを好み、自分の照明装置を持ち込んだという。その後の撮影技術の発展の中で、スローモーション撮影や集中照明の使用が標準的な技法になったというから、ロイ・フラーは草創期の映画技術史の一端を担ったことになる。

映画『命のユリ』の配役は、ほとんどがロイのダンス学校の生徒で、例外として人気のあった女優・歌手のダミアが女王と魔女の二役を、後に映画監督として『巴里の屋根の下』『そして誰もいなくなった』などで世界的に知られることになるルネ・クレールが王子を演じた。まだ二十二歳のルネ・クレールは五十八歳のロイ・フラーの創作にかける情熱を間近に見て大いに刺激をうけたことだろう。脚本家・映画監督としてのデビュー作『眠るパリ』にはロイ・フラーの技法の影響が見えるとの指摘もある。

一九二〇年十二月はじめ、ロイは友人に「映画の半分はできましたが、あとの半分はいつできるかわかりません」と書き送っていたが、翌年の二月までにはどうにか完成し、配給業者や批評家たちを集めて試写会を開くことになった。この時の心境を原作者のマリー王妃への長い手紙の中で、ロイは次のように書いている。

「世の中には良い映画が必要とされているのに、大衆は俗悪な物語や犯罪と冒険のシリーズを求めています。ですから、私たちの純粋で美しく素朴な映画に大きなマーケットが見込めるかどうか確信が持てません。本当のところ、映画バイヤーのような人たちに私たちの映画を見せるのを私は恐れています。それでも、他の人たちがやるのと同じようにしなければならないのです」

一九二一年二月二十六日、パリのゴモン・パラス劇場で試写会は予定通り開かれた。パリの前衛的な批評家たちは、「ロイ・フラーは初の映画製作にもかかわらず、この新しい芸術にふさわしい手法をうまく駆使して、リズミカルな動きと光と影の巧みな操作によって感動を伝えた」と高く評価した。さらに三月には、パリのマリボ劇場でロイが「ルーマニアのマリー王妃の文学作品」というテーマで講演したうえで『命のユリ』を上映し、これも好評だった。しかし、例によって専門的な批評家の評価と興行収入は比例せず、ロイはまた借金を負うことになった。当初の計画では利益の半分をルーマニアの慈善事業に役立てるはずだったがそれも不可能だった。

このころ、ロイは以前にも増してマリー王妃との間でひんぱんに手紙のやり取りをしていた。ロイの方は、マリーに「最愛の人」と呼びかけるなど、かなり砕けた調子だったのに対し、マリーは王族らしく一定の節度を保っていたが、その内容は心を開いた率直なものだった。中には、君主と支配される国民との関係についての踏み込んだ議論も交わされていて、マリーの手紙の中には二十一枚に及ぶものさえあったという。

一九二二年の夏には、サンフラシスコのアルマ・スプレックルズがまたパリに来ていた。その機会を利用して、ロイとアルマと他のアメリカ人女性二人の計四人でルーマニアのブカレストまで旅行をしたらしい。はじめはロイの生徒劇団の南仏巡業について行き、イタリア国境に近いマントンから車でミラノに向かい、ここで、ブカレスト行きの豪華列車に乗り換えた。「すばらしい旅行。客車の中は私たち四人だけです」と、ロイはパリのガブに書き送った。ブカレストで一泊した一行は翌朝、再び列車に乗ってルーマニア中部の高原地帯にあるシナイア（シナヤ）に行くと、夏の宮殿でマリー王妃が一行を出迎えた。「連れのアメリカ人女性たちにとってすばらしい歴史的な旅になったことでしょう」とロイは回想している。

しかし、楽しいこと愉快なことばかりは続かなかった。ロイは自分の左胸に固いしこりを見つけたのだ。「ガンではないのか、いつまで生きられるのだろう」と心配して医者に診てもらうと卵大の腫瘍が見つかった。良性だろうということだったが、しこりはしだいに大きくなって苦痛に感じるようになってきた。わがことのように心配したガブ・ソレールは、マリー・キュリーの知り合いのラジウム療法の世界的権威にも相談したが、ロイのケースにはその療法は向かないということだった。結局、一九二三年一月九日、ロイは外科手術を受けて胸の腫瘍だけでなくわきの下のリンパ節も一緒に切除した。検査の結果、幸い悪性ではなかったが完全に回復するには長い時間がかかった。ロイは多くの友人から贈られた花に埋もれて十一日間入院したあと、丸石舗装の道路を馬車に揺られて帰る途中で手術後の傷跡がダメージを受け、さらに一カ月間、包帯でぐるぐる巻きにされていた。

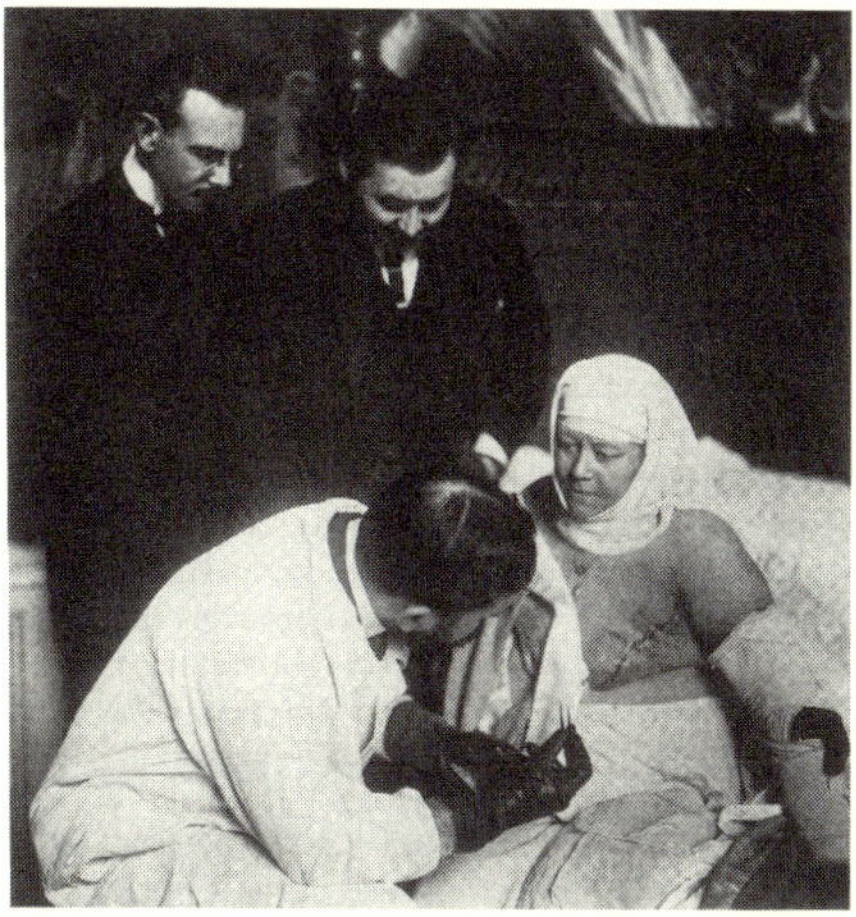
図22　外科手術後の手当てを受けるロイ・フラー

手術からまだ完全には回復していない六月六日、ロイにとってもうれしい出来事があった。アルマ・スプレックルズがサンフランシスコに建設していたリージョン・オブ・オナー美術館が完成し、そこに展示するためにロイが収集してきたフランスの芸術作品をパリ市民にお披露目する展覧会が、セーヌ川左岸のレジオン・ドヌール宮で始まったのだ。アルマ自身は、自分の大戦中の活動が十分に評価されていないと感じていたが、多くのフランス人は、フランスの血を引くアメリカの富豪夫人がロイ・フラーとともにフランスの慈善団体に多額の資金援助したことを好意的に受け止めていた。まして、アルマが建設した美術館がパリのレジオン・ドヌール宮をそっくり四分の三に縮小したものだと知ると、フランス人の自尊心は大いに満足させられた。開会式には第一次大戦の英雄のジョゼフ・ジョッフル、フェルディナン・フォッシュ両元帥をはじめ多くの有名人やアメリカの駐仏大使も出席した。

パリの新聞もこの行事をかなり大きく取り上げた。フィガロは、彼女のコレクションの中には彫刻家ロダンの最高傑作を含む二十八点が含まれていること、フランス政府がジャンヌ・ダルクの生涯を描いたゴブラン織りのタペストリー一式と国営セーブル窯の貴重な磁器のコレクションを寄贈したことを伝えた。

一方、晩年に向かうロイ・フラーの健在ぶりを示す大舞台となったのは、一九二五年四月から十一月までパリで開かれた現代装飾美術・産業美術国際博覧会（アール・デコ博覧会）だった。彼女にとって思い出深い四半世紀前の一九〇〇年パリ万国博の際に建設され、今度の博覧会の主会場となったグラン・パレで、ロイのダンス学校の生徒劇団が六月のある日、『広大な海の上で』と題するパフォーマンスを演じた。

特設舞台となったのはグラン・パレ名物の正面の大階段で、全面に広さ四千平方メートルにも及ぶ巨大な絹の布が広げられ、劇団員とエキストラの少女たち七十五人が布の下に姿を隠して、ドビュッシーの楽曲「ラ・メール」の演奏に合わせて布を持ち上げて操った。

布の上には、強力な投光器によってさまざまな色彩模様が映し出され、本当の海のように、あるいはもっと幻想的な海となって盛り上がり流れ落ち、急流になって走り、漂い、沸き立った。この世のものとも思えない美しく壮大な光景を見た人たちは、このスペクタクルを「奇跡」「光の勝利」と表現して盛大な拍手を送った。

七月二日にもグラン・パレの大階段で再び『広大な海の上で』が演じられたが、今度は限られた観客のための公演だった。深夜になって正面玄関から入って来たのはルーマニアの国王フェルディナンド一世とマリー王妃、それに彼らの娘と女婿にあたるギリシャ国王夫妻だった。頭を修道女のようなベールで覆った女性が賓客にあいさつすると、マリー王妃が「おやロイ。私たちは今から何を見るの」と声をかけた。ロイが合図をするとスペクタクルが始まり、多様な姿を見せた海が最後には静まり、さざ波が玉座近くまで押し寄せては引いて行った。

この時、ベールの下から誇らしげに二組の君主を交互に見て微笑むロイ・フラーの姿を目撃した批評家は「あの万国博覧会の成功から二十五年、フォリー＝ベルジェールでの鮮烈なデビューから三十三年。ロイ・フラーの芸術・経歴・影響力は頂点に達したようだ」と評した。

14　アメリカの罠

一九二五年はカリフォルニアがアメリカ合衆国の正式の州に昇格して七十五周年にあたり、これを祝う記念祭がこの年の九月に中心都市のサンフランシスコで開かれることになった。その祝賀行事を企画していた関係者が、ちょうど十年前の一九一五年にやはりサンフランシスコで開催されたパナマ・太平洋万国博覧会でのロイ・フラーの活躍を思い出したらしい。当時、ロイは近くのオークランドの少女たちを即席に訓練して華やかな舞台を演出し喝采を浴びた。そこで、今度の「七十五年記念祭」でも、ロイに地元の少女たちによる記念パフォーマンスの指導をしてほしいと依頼した。

第一次大戦が終わるとすぐにパリに戻りずっとヨーロッパで活動していたロイは、一度アメリカに帰りたいと思っていたようでこの依頼を引き受けた。同行したのは、今やロイ・フラー劇団として世間に通っている生徒劇団のメンバーでピーチという愛称の女性一人だけだった。すでに二十年近いキャリアがあり、もはや少女ではなくロイが片腕と頼む立派なダンサーだった。八月、大西洋を横断する当時世界最大の客船マジェスティック号に乗っていたロイは、暑くて汗が止まらなかったが「私は暑いのが好き、寒いのは嫌い」といい、ニューヨークで下船する時には「とても速くて快適な船。愛らしく優雅で素敵」と上機嫌だった。

パリに拠点をおき、長年にわたってヨーロッパとアメリカ各地の巡業に明け暮れたロイは、いつも前ばかりを向いていて過去には関心がなさそうに見えたが六十歳を過ぎるとさすがに故郷が懐かしくなったようで、ニューヨークからサンフランシスコに列車で向かう途中、少女時代を過ごしたシカゴで途中下車した。すっかり大都会になっていたシカゴには弟が住んでいて小さな劇場の舞台係をしていた。さらに約二十五キロ西方の彼女が生まれたフラーズバーグにも立ち寄った。ここには、親族たちがずっと住んでいて、そのうちの一軒を訪ねると一族の数人が集まったが、今では有名人になっている老婦人をどのように扱っていいかわからなかった。本人はアメリカ人であることを誇りにしていたが、紫色のゆったりしたガウンと頭巾を着けていたロイは、アメリカ中西部の人たちには別世界の人にしか見えなかった。

サンフランシスコに着いたロイとピーチは地元の未経験の少女四十人にダンスの特訓をして、九月七日から一週間、記念祭の舞台にのぞんだ。いくつかの演目を用意したが、最後を締めくくったのはパリのグラン・パレで大成功をおさめた『広大な海の上で』だった。幻想的な光の動きにあわせ少女たちの手によって長くて広い絹布が流れるような海をつくり出すと、カリフォルニアの観客も感動して盛大な拍手を送った。

久しぶりに祖国に戻ったロイは、滞在中の高層ホテルの窓からサンフランシスコ湾を越えてバークレーの丘を望む光景を見て、こんな雄大な眺望はヨーロッパにはめったにないと誇らしげに言い、一方で、アメリカは物質主義の土地柄で、ここではジャズがダンスを支配していてどの芸術分野も見苦しい乱痴気騒ぎで表現されると語ったという。つまり、アメリカについての讃美と否定的な意見を同時に示したわけだ。

サンフランシスコでの『広大な海の上で』の成功に眼をつけた興行主の誘いで、ロイの劇団はニューヨーク・マンハッタンのヒポドロームにも出演した。今度は、サンフランシスコの素人娘ではなく、フランスから呼び寄せた本物のロイ・フラー劇団の少女たちが演じたらしい。いくつかの演目があったが、一番評判がよかったのは、やはり『広大な海の上で』で、ニューヨーク・タイムズはその演出をほめたうえで「有名なロイ、そう、あのロイが踊った日々を思い出すが、あれはずいぶん昔のことだ。若い世代でミス・フラーの名前を知っている人は少ない」と締めくくった。

その後、パリに帰ったロイは身の回りがしだいに寂しくなっていくのを感じた。自分より年長の知人・友人はすでに老境にあり、健在な人はしだいに少なくなっていた。敬愛していた彫刻家のオーギュスト・ロダンや科学者のピエール・キュリーはだいぶ前に世を去っていて、回想記『私の人生の十五年』に序文を寄せてくれた大作家のアナトール・フランスは一九二四年十月、親しくつきあった天文学者のカミーユ・フラマリオンは一九二五年六月に亡くなった。

ところが、晩年を迎えるロイ・フラーにとって生涯の最終章を彩る貴重な一ページになるはずのイベントが一九二六年秋に実現する運びになった。それはルーマニアのマリー王妃のアメリカ訪問旅行だった。ロイは自分の親友だと思っているマリーに対し、数年前からしばしばアメリカ旅行に誘っていた。「王妃が訪問すれば、ヨーロッパの辺境にあるルーマニアに対するアメリカ人の認識が深まり、戦後の苦境にあるルーマニアへの援助を期待できる。また、王妃自身と彼女の文芸作品を高く評価させる機会にもなる」と説得に努めてきた。

ロイがマリー王妃のアメリカ訪問に執着したのは、本人がどこまで意識していたかは別として、美貌と才知と血筋で一目置かれているマリー王妃と一緒にアメリカ国内を旅行することは、まさしく「故郷に錦を飾る」ことになりこれ以上華やかな「凱旋」はなかった。ロイはアメリカ、フランス両国と自分との関係について、「私はパリを我が家としています。私はここに長い間住み、フランス人は大きな親切を私に示してくれましたが、それでも私はアメリカ人であり、私の心は祖国に忠実です」と語ったことがある。それほど愛していたアメリカだが、この祖国はロイ・フラーに対していつも優しく親切だったわけではない。彼女の芸術の真価を最初に認めたのは異国のフランスであり、彼女自身も、自分を敬意をもって真面目に扱ってくれるのはアメリカよりヨーロッパだと常に感じていた。だから、マリー王妃との旅行は、自分をないがしろにしてきた者たちを見返すことにもなるはずだった。

しかし、マリーにとって事はそんなに簡単ではなかった。ヨーロッパ域内ならともかく、大西洋を渡って自国を長期間留守にするには、一国の王妃としてそれなりの大義名分が必要だった。それが可能になったのは、旅行目的としてアメリカ東海岸の古都フィラデルフィアで開催される「アメリカ独立宣言百五十年記念博覧会」への賓客としての列席と、大戦中にルーマニア支援活動に尽力したサム・ヒルが建設したメアリーヒル美術館の開館行事への出席を掲げたからだった。

マリーは、宮廷内に多かったはずの反対意見を押し切ってアメリカへ行くことを最終的に決意すると、一九二六年八月中旬、ロイの秘書役のガブ・ソレールに「この秋の計画は順調に進んでいます。ロイにゴー・アヘッドと伝えてください」という電報を打って旅行準備を進めるようにうながした。これを受けてロイは主にサム・ヒルと連絡をとってアメリカ側の受け入れ態勢を整えることと、自分の劇団をアメリカに送るための準備をした。

ところが、マリー王妃のアメリカ旅行の計画が世間に知れ渡ると、王妃やロイばかりでなく関係者を困惑させる事態が起きてきた。ヨーロッパとアメリカの両方の新聞が、平民のダンサーと高貴な王妃の奇妙な親密さを話題にし始めたのだ。ロイが自分の公演の宣伝のために王妃を利用しているとか、ロイを同性愛者だとスキャンダラスな匂いをほのめかす記事もあり、ロイはマリー王妃の旅行に表立って関与するのが難しくなった。こんな状況の背景には、当時、ルーマニアは反ユダヤ主義の傾向が強く、アメリカで隠然たる勢力を持つユダヤ人社会の反感を招いていたという指摘もある。

一九二六年十月十八日、マリー王妃（五十歳）、ニコラエ王子（二男、二十三歳）、イレアナ王女（三女、十七歳）と随員が乗った客船がニューヨーク港に着いた。細かい雨の中に二十一発の礼砲が鳴った。一行はまず市役所に行き市長の歓迎を受け、その後で市内のホテルに向かうと、かなりの人数のデモ隊が押しかけて来て窓の下で口笛を吹いてルーマニアの二千五百人の政治犯の釈放を求めるプラカードを打ち振った。そのころ、ロイはニューヨーク市内のプラザ・ホテルにいて、マリー王妃からのメモを受け取った。それには「いつ、どうしたらあなたに会えるのですか。子供が母親を求めるように、誰よりもあなたに会いたいのです」と書かれていたが、ロイはすぐには王妃に会えなかった。

その後、王妃の一行はワシントンに向かい、ホワイトハウスでクーリッジ大統領夫妻を表敬訪問した。次いで、フィラデルフィアに行き、六月初めから十一月末まで開かれていた「独立宣言百五十年記念博覧会」の会場を訪れた。ルーマニア政府が建てた伝統的な農家と多くの名産品の展示を見て、会場内で地元の交響楽団の演奏を聞きロイ・フラー劇団の公演も見た。

十月二十四日には一行はニューヨークに戻っていた。この日夜、メトロポリタン歌劇場でマリー王妃原作の『命のユリ』のロイ・フラー劇団による公演があり、王妃本人も出席して旅行中のハイライトの一つになるはずだった。しかし、執拗にロイを攻撃していたニューヨークのある新聞がチケットが高価なことを非難し、ロイ・フラーが収益の半分を取るのは詐欺だと書き立てた。「王妃は出席しないのではないか」という噂が流れてチケットの売れ行きが伸び悩み、結局、満員の観客の拍手を浴びるはずだった王妃を出迎えたのは客席の半分の客にすぎなかった。

その後、王妃一行はサム・ヒルが建設したメアリーヒル美術館の開館行事に出席するために、鉄道会社が用意した特別列車「ロイヤル・ルーマニア」でアメリカ合衆国の最北西端をめざした。その間にも「すったもんだ」が続いて随員たちとの関係も悪化したため、ロイは騒ぎを広げないように王妃一行に同行することを断念した。

ルーマニアの政府関係者がロイ・フラーを白眼視したのは、彼女と王妃の関係が新聞で面白おかしく書き立てられ、一介の芸能人が王室の公式行事に関与していると見られるのを嫌悪したことと、それとは別のもう少し深い理由もあった。当時、マリー王妃の長男のカロル王子が王位継承権を放棄して愛人と一緒にパリに住んでいて王室と政府にとって頭の痛い問題だったのだが、ロイはそのカロル王子とたびたび会って母親のマリー王妃との仲を取りもとうとしていた。ロイにとっては善意から出た行動でも、王室関係者の目には許しがたい不快な介入に映ったに違いない。

図23　帽子姿のマリー王妃

ところで、王妃一行といったんは別行動をとったロイは、往路の終盤近くになってアメリカの北西端に近いワシントン州のスポケーンという駅で一行と合流した。ここには王妃を出迎えるために、サム・ヒルとサンフランシスコのアルマ・スプレックルズも来ていてロイと再会した。
三人が乗り込んだ特別列車はさらに一晩

図24　特別列車から降り立ったマリー王妃とサム・ヒル

走って一九二六年十一月三日、メアリーヒル駅に着いた。ここから、長い自動車の列が王妃一行と随員たち、好奇心に満ちた招待客たちを乗せて丘を上がり、コロンビア川を見下ろす美術館までの荒野の中の一本道を走った。ロイは一九一七年夏、この地を訪れて建設中の広大な私邸を美術館に転用するようにサム・ヒルを説得した「張本人」なのだから、誰よりもその開館式に出席する資格があったはずだが、やはり自分の存在が混乱を招くことを懸念して列車にとどまり、この旅のクライマックスを目のあたりにすることはできなかった。

美術館はまだ全部は完成しておらず、建物というより廃墟の印象を与えたが、それでも、祝典にふさわしくルーマニア国旗の赤、黄、青の三色で飾られていた。あいさつに立ったマリー王妃にはさすがに威厳があり、数々の批判をものともしない落ち着いた口調で、この旅行の目的は両国の友情を深めることだと繰り返し、この物寂しい荒れ地に来た理由を次のように話した。

「サミュエル・ヒルは私の友人です。彼は私に手を差し伸べてくれ、さらに、この地球上で必要なものがあれば、何によらず私はただそれを求めさえすればよいのだ、と言ってくれました。そのことを理解できず嘲る人もいるでしょう。しかし、私は理解しました。ですから、サミュエル・ヒルから荒野に建てた家に海を越えて来てほしいと依頼されると、私は愛と理解を携えてここに来たのです」

マリーはさらに、次のように言葉を継いだ。

「王妃と、身分が低いとされる女性との友情を奇妙に思う人もいるようです。その女性はロイ・フラーです。彼女の名前は時に軽く見られます。しかし彼女は窮地に立たされた私を支え、苦境にあった時には生きる力を与えてくれました。彼女は私の国民を助けるためにアメリカ中を回りました。そのことを多くの人は忘れていますが、私は黙っているわけにはいきません。同じ女性として彼女が私に希望を与えてくれたことは疑いないのです」

開館行事を済ませた一行が列車に戻って来るまで、当然ながらロイにはその様子はまったくわからなかった。黒い衣装に包まれ疲れた年寄りに見えたロイは、王妃のあいさつの内容を知らされると、「彼女がそんなことを言うとは夢にも思いませんでした」と、眼鏡の奥で涙を流して喜んだという。

図25　サンフランシスコのリージョン・オブ・オナー美術館

しかし、この旅行の最後はいっそう後味の悪いものになった。列車がコロンビア川を渡ってオレゴン州に入ると州知事が一行を出迎え、フォード自動車会社が提供した約三十台のリンカーンを連ねて近くの大都市のポートランドに向かった。先頭の車には、王妃と連絡役の少佐、サム・ヒル、州知事の四人が乗っていたが、車が止まるたびに後続の車から警護官が走って来るのを見た少佐が、州知事を車から降ろしてかわりに警護官を乗せた。これを見たサム・ヒルが、州知事を侮辱していると言って少佐に抗議して激しい口論となった。二人の対立は翌日以後も続き、結局、サム・ヒルは最後には王妃の随員たちから追い出されるようにして一行から離れてしまうことになる。

また、サンフランシスコのアルマ・スプレックルズもこの美術館の開館行事には出席していたが、自分が正当に取り扱われていないと感じていた。彼女はロイ・フラー、サム・

ヒルと並んでそこに居合わせたアメリカ人のうちでも特にマリー王妃と親しい関係にあり、ルーマニアへの援助にも尽力したはずだったのになぜかポートランドでのディナーに招かれなかった。自分が心を砕いて建てた自慢のリージョン・オブ・オナー美術館に王妃を招くこともできないと知ると誰にも告げずにサンフランシスコに帰ってしまった。

アメリカ北西部の大都市シアトルなどでの行事を終えて、マリー王妃を乗せた特別列車が再び東に向かって走り始めたころ、サム・ヒルが同行しないことを知ったロイは王妃に面会して善処を求めたらしい。自分をいつも支えてくれたサムに対して申し訳なく思ったのかもしれない。ロイの率直な性格からすると、王妃に対しても厳しい口調になったことも十分考えられる。マリーは困惑して彼を呼び戻すように命じると約束したらしいが実行はされなかった。

マリー王妃は、今や自分の旅行を指揮する立場にはなかった。王家の公式な訪問旅行であってみればむしろ当然だとも言えるだろう。やがて、王室のスポークスマンは旅の途中でロイ・フラーが特別列車から降りることになった、と明らかにした。これを受けて各新聞は「王妃はこの旅にまつわる不調和はすべてロイ・フラーの周辺に起きていると感じ、個人的な感情を殺して王室の権威を守るために彼女を去らせる判断をした」と解説した。

十一月十日、特別列車がロッキー山脈を越えてコロラド州デンバーに着くと、ロイとガブは実際に列車を降りて別の定期列車でニューヨークに向かった。さらに一週間後、フランス行きの旅客船に乗り込み、十一月下旬にはパリの自宅に帰っていた。

君主も貴族も存在しないアメリカでは、物珍しさも手伝って、生まれながらに高貴な地位にある人々がもてはやされる傾きがあり、マリー王妃と若いプリンス、プリンセスも新聞論調とは別に各地で熱狂的に歓迎された。しかし、病気療養中だったマリーの夫のフェルディナンド一世の病状が悪化したこともあり、一行も旅行日程を短縮して十一月下旬にニューヨークを発った。

ロイ・フラーとマリー王妃の二人が長い間待ち望み、人生最良の思い出になるはずだった旅行はこうして終わった。ロイがあれほど愛したアメリカ、マリーとの旅行で錦を飾るはずだった故国アメリカには、実は大きな深い落とし穴があったのだ。西部娘の誇りを胸に異郷のヨーロッパで自在に活躍し大衆の心をつかんだと信じていた彼女は、愛する母国で思いもしない罠にかかってしまったことになる。

帰国途上のマリー王妃は、パリからブカレスト行きの列車に乗る直前の十二月中旬にロイと会ったと考えられるがその詳細はわかっていない。しかし、マリーからロイのもとに届いた十二月二十八日付の長い手紙の中に、「あの日パリで、あのように振る舞わなければよかったと思っています」というくだりがあり、これが十二月中旬の面会を指し、二人の間にかなり激しいやり取りがあったことをうかがわせる。

手紙はさらに、ロイ・フラーの名前と結びつけられた数々のスキャンダルに自分も巻き込まれて傷ついたこと、ロイを信頼しているが自分の友情は限界に達したことなどを書き連ね、マリーが『命のユリ』の権利金などとして受け取ったとされる金について「私が違法な方法で巨額の金を稼いだと信じている人たちからの手紙で攻め立てられています」と嘆いている。つまり、マリーとしては、ことの真偽や善悪は別にしてロイ・フラーとの関係が常に中傷と結びつけられる情況には耐えられないということだった。

一方、ロイは後になってサム・ヒルに対し、あの旅行中にサムが一行から追い出されるのを防げなかったのは「マリー王妃が性格の強さも倫理的な勇気も持たなかったからだ」と不満を漏らした。しかし、これはロイの期待が過剰だったというべきだろう。マリー王妃のそれまでの態度を振り返ってみれば、彼女が王族としてはまれに見る開明的で気丈な女性だったことがわかる。それでも、一国の王妃の公式の外国訪問となれば、国家や王室の体面や秩序を守ろうとする外交官や随員の意向や慣習をむげに退けるわけにはいかなかっただろう。ロイにもそのことは理解できたはずだが、彼女の心の中のマリー王妃の場所に存在したアイドルは消え失せ、普通の人間の女性に取って代わられてしまったと言っている。「アイドルなんて存在しないのだから、間違っていたのは彼女ではなく自分自身だ」とわかっていたが、強固に見えた友情が壊れたことに驚き混乱し無気力になったといういう。

ところで、マリー王妃が開館に立ち会ったメアリーヒル美術館は、主人公のサム・ヒルが情熱を失ったのか資金繰りがうまくいかなかったためか、はかばかしく工事は進まず、彼が一九三一年に死去すると約八十点のロダンの彫刻作品などの収蔵品とともに放置された。この状況を見かねて事業の再開に乗り出したのは、サム・ヒルやロイ・フラーに比べて一番若かったサンフランシスコのアルマ・スプレックルズだった。彼女は一九三七年に美術館の評議会を組織し直し、自分のコレクションも寄贈して一九四〇年のサム・ヒルの誕生日にあたる五月十三日、本当の開館にこぎつけた。館内には、マリー王妃とともにロイ・フラーを紹介するコーナーもあるようだから、ロイとしても「以て瞑すべし」ということだろう。

15　閉幕

老境に向かっていたロイ・フラーにとって、確かなものと信じていたルーマニアのマリー王妃との友情が、アメリカ旅行をきっかけに損なわれたことは小さくない痛手だった。手紙のやりとりは途絶えたわけではなかったが、以前のように遠慮なく語り合う関係には戻れず、切ない喪失感を味わっていた。そんなロイを支えたのは、やはりガブ・ソレールだった。長年、身近にあって行動を共にしてきたガブは、たとえロイの身体は衰えても精神のエネルギーが涸れるはずがなく、幾百の慰めの言葉よりも新しいエキサイティングな目標のほうが彼女を奮い立たせることをよく知っていた。

ガブは「思い出して御覧なさい。ステージに光の照明を初めて使ったのはあなたですよ。その奥に黒い幕を引いて、今では当たり前になっている暗闇の舞台を創り出したのもあなたです。そして、その暗い舞台と光の照明こそ映画の原理に通じていて、映画こそ光に最も近い芸術です」と言い、先駆者の役割として映画の研究を続けるべきだと説得した。ロイはこの考えに同意して二人は一九二七年春から新しい映画製作に乗り出した。

映画のシナリオは幻想文学の奇才として知られるドイツの作家ホフマンの短編『砂男』をガブが脚色したものだった。原作は身の毛のよだつような怪奇談だが、ガブのバージョンでは、主人公が最後には悪魔から解放され自由の身になる。ロイは「そうですとも。私たちにはハッピーエンドが必要です。帰り道で、憎しみと悔恨で泣いたり復讐心に燃えたりするために誰が映画館に行くでしょうか」と言った。

映画の撮影はパリ西郊にあったロイの最後の邸の庭とガレージでおこなった。出演したのはロイ・フラー劇団の少女たちで、人間が空中や水面を歩いたりするトリックも使った。いつものことながら、楽観的なロイの期待を裏切って撮影は長引き秋になっても終わらず、九月末になって秋風が立ち始めると、風邪をひいて体調を崩してしまった。さすがのロイも弱気になってきて、知人に次のように書き送ったことがある。

「私はとても疲れています。芯から疲れています。あなたは、ベッドへ入る前の着替えもできないほど疲れたことがありますか。今の私はそんな状態です。何かの活動が私を鼓舞するとき以外はいつもそうです。その活動が終われればまた元通りです。疲れたという感覚が私を傷つけ、涙がどうしようもなく流れます。ひどいものでしょう」

また、サンフランシスコのアルマ・スプレックルズへの手紙で「映画の撮影現場に行けない時は、私は相談を受けてアドバイスをします。ボイラーが壊れてしまい、暖房は私の寝室とダイニングだけしかないのでフィルムの編集をしている階下の作業室には行けません」と伝えたが、この手紙は自筆ではなく口述筆記されたものだった。

秋が深まるとロイの病状がさらに悪化したため、パリ中心街にあり設備が整っているホテルのプラザ・アテネに移った。その部屋は眺望がよく、セーヌ川越しに左岸の建物の屋根やドームや尖塔が見えた。大空を見晴らすこともでき、ロイは飽きもせずにその光と陰の変化に見入った。「光によってできることは、まだまだたくさんありますね。ひかり、ひかり」と居合わせた友人に語りかけたという。また、ロイはこの部屋に多くの訪問客を迎え、時には五、六人が鉢合わせした。彼女の劇団のメンバーのうちお気に入りのピーチたちが狭い部屋の中でリハーサルをしたこともあった。ロイは気管支炎でうまく声が出なかったが、しわがれ声を振り絞って感想を伝えた。

十二月の終わりになると、気管支炎が肺炎に進行しガブをはじめ親しい友人たちが交代で夜通しロイを見守った。ある夜、彼女が息苦しさを訴え、ガブが医者を呼ぶと呼吸補助器具が取り付けられ、それで容体は一時安定して大晦日を迎えた。そこへルーマニアのマリー王妃から新年を祝う電報が届いた。それを読んだロイは「良いお年を…なんて言い過ぎよ。良い一日を…で十分なのにね」と苦しい息の下から素っ気なく言った。この時はまだ、周りの人たちに笑いかける力は残っていた。その後は刻々と病状は悪化していった。新しい年を迎えると、マリー王妃からもう一通の電報が届いた。ロイの危篤をガブが知らせたためで、「さようならロイ、美しいロイ、私が一番愛したロイ」と別れの言葉がつづられていた。この電報を読むとロイは昏睡状態に陥り、一九二八年一月二日午前二時に息を引き取った。常に身近にあってロイを支え続けたガブが長い間愛した人のまぶたを閉じるという悲しい義務を果たした。

パリの新聞はかなり大きくロイ・フラーの死去を報じた。一月三日付のフィガロは二面の中央に五十行を超える長文の記事を据えた。それは、「光の妖精、色彩の魔術師、夢の芸術の創造者であり、ダンスを改革し電気の奇跡を実現したあのロイ・フラーが亡くなった」と書き出されていて、約三十五年前にパリのフォリー＝ベルジェールでデビューして非現実的な舞台を創造し、パリの人気をさらい、多くの芸術家に影響を与えたこと、光の活用で舞台演出を一変させたことなどを丁寧に伝えた。さらに、「サーペンタイン・ダンスの創造者は広い心の持ち主で、大戦中にはフランスのための慈善活動に骨身を惜しまなかった」と付け加えることも忘れなかった。ところで、フィガロだけでなく、他の新聞もロイの生年を一八七〇年としているが、実際は一八六二年一月だから、六十六歳の誕生日を迎える直前のことだった。

葬儀は一月四日、プラザ・アテネにも近い八区・ジョルジュ五世通りのアメリカン大聖堂で営まれた。とても寒い朝で、会葬者には作家、画家、俳優ら芸術家のほかにフランス、アメリカ、ルーマニア政府の代表もいた。近親者としてはロイのイトコでパリに長く住んでいるケート・フラーがいて、イサドラ・ダンカンの兄のレイモンド・ダンカン、キュリー夫妻の次女のエーヴ・キュリーも列席した。喪服に身を包んだ四十八歳のガブ・ソレールの、今では真っ白な髪が黒いケープの後ろに流れているのがひときわ目立った。ロイが我が子のように愛していた劇団の少女たちはエジプトに巡業に出ていて参列できなかった。

図26　パリ八区のアメリカン大聖堂

短く簡素な儀式の後、ごく少数の身近な人だけが雪で覆われたペール・ラシェーズ墓地への霊きゅう車に従った。棺を飾った花々の中で特に目立ったのは、ルーマニア国旗の赤、黄、青の三色のリボンが結ばれた二つの立派な花輪で、一つはマリー王妃から、もう一つはカロル王子から贈られたものだった。ロイの死去を伝えた前日のプチ・パリジャン紙が「彼女は火と光の化身であり、炎に身をゆだねてあの世に行くことを望んだ」と記した通りに、火葬場で荼毘にふされた。

葬祭場の青い丸天井の下で一時間以上待った人たちは、やがて、高い煙突から煙が渦を巻いて立ち昇るのを見た。それは、在りし日のロイが舞台上で照明光を浴びて旋回する姿を思い出させた。世に抜きんでたダンサーの波乱の人生の閉幕を告げる最後のパフォーマンスだった。

ロイ・フラー略年表

一八六二年　一月＝アメリカ・シカゴ近郊の農村で生まれる
一八六四年（二歳）　シカゴの日曜学校で詩を暗唱する（少女期を通じて歌や踊りに興味を持ちプロの舞台人を目指す）
一八七七年（十五歳）　シカゴの軽演劇団に入り芸能人生活が始まる
一八八一年（十九歳）　有名なバッファロー・ビル一座の女優になる
一八八六年（二十四歳）　ニューヨーク・ブロードウェーの劇場でデビュー
一八八九年（二十七歳）　一月＝自分で劇団を組織してジャマイカ巡業に乗り出す
五月＝アメリカ人実業家のコロネル・ウイリアム・ヘイズと結婚（結婚生活の実態はなく短期間で解消）
九月＝ロンドンの劇場を借りて自主公演
一八九一年（二十九歳）　十月＝ニューヨークで『やぶ医者クアック』に出演、ロイ・フラーの代名詞となるサーペンタイン・ダンスを考案
一八九二年（三十歳）　十一月＝パリのミュージック・ホール、フォリー＝ベルジェー

ルでデビューして大成功を収める（これ以降、ヨーロッパ、アメリカの各地で公演を続ける）

一九〇〇年（三十八歳）パリ万国博覧会（四月〜十一月）の会場内にロイ・フラー劇場開設。川上音二郎・貞奴が出演して一躍人気者になる

一九〇二年（四十歳）三月＝巡業先のルーマニアで、マリー王太子妃と出会う（二人の友情は長く続く）

一九〇三年（四十一歳）五月＝敬愛する彫刻家オーギュスト・ロダンの作品展をニューヨークで開く（その後もロダン芸術のアメリカでの普及活動に努める）

一九〇五年（四十三歳）秋＝ロンドンで日本人一座の花子と出会いヨーロッパの花形女優に育てる

一九〇六年（四十四歳）夏＝南仏・マルセイユの植民地博覧会で花子を彫刻家ロダンに引き合わせる（後に花子はロダンのモデルとなり多くの作品が生まれる）

一九〇八年（四十六歳）二月＝母親のデリラ死去
十月＝回想記『私の人生の十五年』をフランス語で出版

秋＝パリでダンス学校を開設（生徒たちはロイ・フラー劇団員として活躍することになる）

一九一四年（五十二歳）　春＝サンフランシスコの富豪夫人アルマ・スプレックルズとパリで出会う（彼女はフランス美術作品の収集家となり後に美術館を開設する）

七月＝第一次世界大戦始まる（戦中を通じてフランス、ベルギー、ルーマニアの救援慈善活動に尽力する）

一九一五年（五十三歳）　六月＝サンフランシスコで開催中のパナマ・太平洋万国博覧会にロイ・フラー劇団が出演

一九一七年（五十五歳）　七月＝アメリカの実業家サム・ヒルに会い、ワシントン州に建設中の豪壮な私邸を美術館にするよう説得

一九一八年（五十六歳）　十二月＝第一次大戦終結（十一月）に伴いパリに戻る

一九二〇年（五十八歳）　七月＝パリ・オペラ座で、マリー王妃原作の舞踏劇『命のユリ』をロイ・フラー劇団が上演

一九二一年（五十九歳）　二月＝自ら制作した映画『命のユリ』を公開

一九二三年（六十一歳）　一月＝左胸部腫瘍の除去手術

一九二六年（六十四歳）　十月＝マリー王妃のアメリカ旅行（トラブルが重なりロイ・フラーと王妃の関係に悪影響が及ぶ）

一九二八年　一月＝パリで死去（六十五歳十一カ月）

参考文献（「あとがき」で紹介した四点を除く）

本庄桂輔『サラ・ベルナールの一生』角川書店、1962年
川上音二郎・貞奴『自伝　音二郎・貞奴』三一書房、1984年
山口玲子『女優貞奴』新潮社、1982年
レズリー・ダウナー、木村英明訳『マダム貞奴　世界に舞った芸者』集英社、2007年
澤田助太郎『プチト・アナコ　小さい花子』中日出版社、1983年
資延勲『ロダンと花子　ヨーロッパを翔けた日本人女優の知られざる生涯』文芸社、2008年
山川亜希子・山川紘矢訳『魂の燃ゆるままに――イサドラ・ダンカン自伝』冨山房インターナショナル、2004年
Loïe Fuller : Magician of Light, The Virginia Museum, Richmond, 1979
Body Stages : The Metamorphosis of Loïe Fuller, La Casa Encendida, Madrid, 2014
Loïe Fuller : Danseuse de l'Art Nouveau, Nancy Musée des Beaux-Arts, Paris, 2002
Bernice Scharlach, *Big Alma : San Francisco' s Alma Spreckels*, Fine Arts Museums of San Francisco, Berkeley, 2015
John E. Tuhy, *SAM HILL : The Prince of Castle Nowhere*, Timber Press, Portland, 1983
Constance Lily Morris, *On Tour with Queen Marie*, Robert M. McBride & Company, New York, 1927

図版出典一覧

［図 1、5、8、12、15、16、21、26］＝Wikimedia Commons

［図 2、22］＝Richard Nelson Current & Marcia Ewing Current, *Loie fuller Goddess of Light*, Northeastern University Press, 1997

［図 3］＝The New York Public Library, Digital Collections

［図 4、9、10、18、19］＝*FIFTEEN YEARS OF A DANCER' S LIFE*, HERBERT JENKINS LTD, 1913

［図 6、7］＝Les Folies Bergère le site officiel du music hall

［図 11］＝Alfred Picard, *Exposition universelle internationale de 1900 à Paris. Rapport général administratif et technique*, Imprimerie nationale, 1902-1903

［図 13］＝biography.com

［図 14、23］＝Marie, Queen of Roumania, *The Story of My Life*, Charles Scribner's Sons, 1934

［図 17］＝資延勲『ロダンと花子』（文芸社、2008 年）

［図 20］＝Bernice Scharlach, *Big Alma : San Francisco's Alma Spreckels*, Fine Arts Museums of San Francisco , 2015

［図 24］＝John E. Tuhy, *SAM HILL : The Prince of Castle Nowhere*, Timber Press, 1983

［図 25］＝tripsavvy.com

あとがき

ロイ・フラーのことはまったく知らず、名前を聞いたこともなかった。ヨーロッパの十九世紀末の芸能に特別な関心はないし、モダン・ダンスを愛好しているわけでもないから、この人物について何も知らないまま一生を終えても不思議ではなかった。ところが、前著『漱石のパリ日記』（彩流社、二〇一三年）を書くために、漱石が滞在した一九〇〇年当時のパリ事情を調べていると、日本人女優の貞奴がたいへんな人気を博していたことがわかった。貞奴と漱石との間に何か接触があれば面白いと思って少し調べてみたが、残念ながら二人の間には何の接点も見つからない。しかし、かわりに興味深い人物つまりロイ・フラーの存在を知った。

彼女はアメリカのシカゴ近郊で生まれ、パリを中心に活躍したモダン・ダンスの先駆者だが単なるダンサーではない。興行師、振付師、舞台美術家も兼ね、一九〇〇年パリ万国博覧会では会場内に自分の名前を冠した個人劇場を開設し、その舞台に立った川上音二郎や看板女優の貞奴がヨーロッパで注目されるきっかけをつくった。音二郎はロイ・フラーについて「大陸いたる処、三尺の子供も知らぬものは無い有名な女優」などと評している。本当のところはどんな女性だったのだろうかと興味をひかれ、フランス国立図書館の電子図書館（Gallica）を検索してみると、彼女に関する多くの雑誌や新聞の記事の中に本人の著作『私の人生の十五年』が見つかった。

一九〇八年の発行だから百年以上前の本だが、古臭いとも思わず何か魅かれるものを感じた。パソコンの画面上での読書に慣れていないし、語学力も不十分だから、本文をプリントアウトして辞書を片手に少しずつ読み進んでいくうちに不思議な感覚を味わった。無邪気で素朴な、古いアメリカの開拓者魂を思わせる自由な精神が、ヨーロッパ伝統社会に君臨する一国の王妃とも、また社会の最底辺で苦闘する人々とも分け隔てなく率直な言葉を交わす姿は珍しいものに感じられ、「まえがき」にも記したように、この『私の人生の十五年』を出発点としてロイ・フラーの生涯をできるだけ時間の流れに沿って描いてみることにした。

本文中に、ロイ・フラーの「肉声」を聞くつもりで、（『私の人生の十五年』から）として引用した文章は、一九〇八年にフランス語で出版された、

(1) *Quinze ans de ma vie*, Librairie Félix JUVEN, Paris,1908

から直接翻訳し、この本の英語訳として一九一三年にロンドンで出版された、

(2) *FIFTEEN YEARS OF A DANCER'S LIFE*, HERBERT JENKINS LTD, LONDON, 1913

を参照した。

この二つの本の関係は、ロイ・フラー自身の英語による手稿をまずフランス語に翻訳して(1)が出版され、後に仏語版を英訳して(2)が出版されたと考えられる。おおもとになるロイの手稿は現在、ニューヨークのリンカーン・センター内にある舞台芸術関係の専門図書館ニューヨーク・パブリック・ライブラリー・フォー・ザ・パフォーミング・アーツに所蔵されている。筆者もそのマイクロ・フィルム版を閲覧したが、不鮮明な手書きの文章を読み解くにはよほど英語力のある人が時間をかけて作業する必要があると判断し、一目見たことに満足して通読することは断念した。この手稿と出版された(1)、(2)の本文を比較すると、文体にかなり違いがあるというから、フランス語への最初の訳者はかなり自由に翻訳したのだろう。

この『私の人生の十五年』は興味深い資料だが、これだけではロイ・フラーの人生全体を知ることはできない。彼女の生涯を通観した本格的な評伝としては、アメリカとフランスで出版された次の二冊がある。

(3) Richard Nelson Current & Marcia Ewing Current, *Loie fuller Goddess of Light*, Northeastern University Press, Boston, 1997

(4) Giovanni Lista, *LOÏE FULLER danseuse de la Belle Epoque*, Hermann Danse, Paris, 2006

(3)は英語で四百ページ近くあり、(4)はフランス語で六百ページを越える大冊で、いずれも力のこもった労作だ。ロイ・フラーの生涯を描くうえで大いに参考になるが、問題は事実関係の記述に両書の間でかなりの食い違いがあることだ。一例をあげれば、ロイ・フラーが外科手術を受けたのは、左胸の腫瘍を切除するための一回だけのはずだが、その手術を受けた肝心の日付は、(3)が一九二三年一月九日としているのに対し、(4)では一九二五年一月九日になっている。しかも、いずれも具体的な描写を含んでいて信憑性がありそうに見えるから困る。出版記録を見ると、一九九四年にまず(4)の初版が出版され、三年後の一九九七年に(3)が出て、二〇〇六年に(4)の改訂版が出版されているが、二つの本の著者は互いにあまり参考にしなかったようだ。

また、アメリカのバージニア美術館が一九七九年に発行した展覧会図録「ロイ・フラー光の魔術師」の評伝には「ロイ・フラー本人がしばしば最も信頼できない情報源で、何年にもわたって自分のライフ・ストーリーを思いつくままに変更した」という記述があり、彼女が伝記作者に伝えた自分の「誕生日」は八通りあったと指摘している。実際、現在でも彼女の生没年月日についてさえ異説があり、誕生日を一月二十二日（本書では一月十五日）、命日を一月一日（本書では一月二日）としている文献がある。ロイ・フラーに関する新聞や雑誌記事はあり余るほどあるのにその伝記的事実が混乱しているのは、彼女自身のこうした態度が一因だったと考えられ、その他の人生の節目に関するデータも文献によって異同が見られるようだ。

本書では、当時のパリの新聞記事なども参照したが、一つひとつの事実関係をすべて第一次資料にあたって検討する能力も余裕もないので、(3)、(4)をはじめとする文献を比較検討し、筋道が通って真実らしい出来事や描写を選択しながら彼女の足跡を追った。また、欧米の研究書では彼女の生涯とともに、そのダンスの技術的特性や舞台芸術史上の位置が克明に分析されている。ダンサーの全体像を語る上では見逃せない視点だろう。しかし、そこに踏み込むにはダンスや舞台芸術についての専門的な知識が必要で筆者の手に余るから、本書では残念ながら彼女の舞踊家・舞台芸術家としての真髄に迫ることはできなかった。

執筆にあたって、十九世紀末のパリ事情などについて多くの文献を参考にしたが、歴史上の出来事や人物の事実確認などにはウィキペディアをはじめとするインターネット情報を活用し、また図版の一部にも利用して新技術の恩恵を受けたことを付け加えておきたい。

(1)(4)をはじめ、パリの新聞記事などのフランス語文献の読解については、アリアンス・フランセーズ（名古屋）のレティシア・ガルデー先生のご教示を得ました。また、出版にあたっては風媒社の林桂吾氏のお世話になりました。あわせてお礼申し上げます。

二〇一八年八月

山本順二

［著者紹介］
山本順二（やまもと・じゅんじ）
1942年、愛知県生まれ。1965年、名古屋大学文学部卒業。
1969年から2002年まで朝日新聞記者として北陸、山陰、四国、近畿などで取材活動。
著書に、『漱石の転職——運命を変えた四十年』（彩流社、2005年）、『漱石のパリ日記——ベル・エポックの一週間』（彩流社、2013年）がある。

装幀／三矢千穂

ロイ・フラー — 元祖《がんそ》モダン・ダンサーの波乱《はらん》の生涯《しょうがい》

2018年10月30日　第1刷発行　（定価はカバーに表示してあります）

著　者　山本 順二

発行者　山口 章

発行所　名古屋市中区大須1丁目16番29号　電話 052-218-7808　FAX052-218-7709　http://www.fubaisha.com/　風媒社

乱丁・落丁本はお取り替えいたします。　＊印刷・製本／シナノパブリッシングプレス
ISBN978-4-8331-3178-0